von krafttieren und seelengefährten

stefanie glaschke

Umschlaggestaltung: Kerstin Fiebig, ad department, Bielefeld
Innenlayout: Sabine Schiche, ad department, Bielefeld
Lektorat: Viviane Korn
Umschlagmotiv: ©Lachs/Timothy Knepp, Rabe/wiki_©Bc999_Corvus_palmarum
Abbildungen Innenteil: siehe S. 171
Gesamtherstellung: Westermann Druck Zwickau GmbH

Bibliografische Information der Deutschen Nationalbibliothek
Die Deutsche Nationalbibliothek verzeichnet diese Publikation in der
Deutschen Nationalbibliografie; detaillierte bibliografische Daten sind
im Internet über http://dnb.d-nb.de abrufbar.

www.weltinnenraum.de

1. Auflage 2014

ISBN 978-3-89901-767-0
E-Book ISBN 978-3-89901-771-7

Dieses Buch wurde auf 100% Altpapier gedruckt und ist alterungsbeständig.
Weitere Informationen hierzu finden Sie unter www.weltinnenraum.de

von krafttieren und seelengefährten

stefanie glaschke

Lüch⊛w

inhalt

einleitung

Tiere üben auf Menschen eine große Faszination aus. Wir Menschen empfinden sie ebenso wie die Pflanzen als Mitgeschöpfe. Tiere gehören zu unserer Welt, und wir können sie nicht wegdenken. Manche sehen Tiere als Lebewesen einer niederen Ordnung. Früher waren Tiere als Sachen eingestuft, und ein deutlicher Wertunterschied zwischen Tieren und Menschen ist uns noch bekannt. In der christlichen Lehre ist der Mensch angehalten, als Krone der Schöpfung über die Tierwelt zu herrschen. Tiere sind von allen kulturellen Errungenschaften der Gegenwart ausgeschlossen. Tiere können beispielsweise nicht ermordet werden. Ein Tier zu töten ist zwar bedingt strafbar, grundsätzlich aber werden nicht alle Fleischesser wegen Mordes angeklagt. Tiere haben auch keine Arbeitsschutzbestimmungen, und vor allem: Die Menschenrechte gelten nicht für Tiere.

Vergleichbare Tierrechte gibt es ebenfalls nicht. Es gibt zwar einen Tierschutz, doch darüber hinaus gelten für Tiere keine Formen der Mitbestimmung oder der Meinungsäußerung hinsichtlich ihrer eigenen Angelegenheiten. Es gibt also einen Unterschied.

Und doch gibt es viele Gemeinsamkeiten. Wir sprechen davon, dass Tiere etwas fühlen, Tiere kommunizieren, Tiere können ihre Nachkommen ebenso gut versorgen wie Menschen. Ja, Tiere scheinen manchmal sogar die besseren Menschen zu sein. Daraus entsteht manchmal eine romantisch verklärte Sicht auf Tiere. Sie werden wie die eigenen menschlichen Partner, wie eigene Kinder oder wie gute menschliche Freunde gesehen. Hierbei handelt es sich jedoch um eine „Vermenschlichung" der Tiere. Das ist kurzsichtig und sehr eindimensional.

Unsere Verbindung zu einzelnen Tieren und zur Tierwelt allgemein leitet sich aus einem kollektiv unbewussten Wissen ab. Durch die Evolution verfügt das menschliche Gehirn über Bereiche, die sich auch beim Tier finden. Denken wir allein an das Stammhirn, dass Menschen und fast alle Tiere haben. Doch der Mensch hat noch mehr Hirnteile ausgebildet. Das Sprachzentrum ist differenzierter, das logische Denken ist entwickelt. Hundehalter sprechen mit ihren Hunden, Hunde sprechen aber nicht mit ihren Menschen und geben deshalb auch keine menschlichen Überlegungen preis. Genauso verhält es sich bei Katzen. Wenn Tiere unsere Seelengefährten sein und unser Leben dadurch bereichern sollen, dürfen wir sie nicht als Ersatzmenschen sehen. Dadurch berauben wir uns dessen, was Tiere wirklich für uns tun können. Wenn wir Tieren unsere eigenen menschlichen Gedanken unterstellen, sind sie nur eine Kopie unserer selbst. Dann können wir keine Impulse aus der Tierwelt von ihnen bekommen. Tiere können uns helfen, den Weg zu unserem und ihrem gemeinsamen Ursprung zu finden. Das können sie aber nur, wenn sie als Tiere wahrgenommen werden, denn nur dann erkennen wir Menschen ihre je eigene Wesensart, statt sie zu vermenschlichen.

Tiere können uns helfen, den Sinn des Lebens zu verstehen, und Tiere können archetypische Empfindungen und Aspekte in unser Leben tragen. Das ist wunderbar und von großem Wert. Unsere Vorfahren wussten das. Aus diesem Grund waren Tiere zu allen Zeiten bedeutungsvoll, manchmal sogar Gottheiten. Leider hat das christliche Abendland alle Lebewesen unter den Menschen gestellt, eine Zeit lang sogar die Frauen unter die Männer. So wurden viele Verbindungen zerschnitten, die wichtig und hilfreich waren, um den Kontakt zum Ursprung zu halten. Noch heute sind Tiere genau an dieser Stelle entwertet. Man sieht in ihnen nicht mehr die urtümliche Lebenskraft und die bedingungslose Bejahung des Lebens. Man zieht ihnen Mäntelchen an und geht mit ihnen im Partnerlook spazieren. Man nimmt sie mit ins Haus, obwohl sie die Natur lieben. In der Bundesrepublik gibt es unzählige Hunderassen, die gezwungen werden, unter falschen klimatischen Bedingungen zu leben, nur weil es dem Menschen gefällt. Die Sklavenhaltung hat sich zu einem großen Teil von den Menschen auf die Tiere verlagert. Früher hatten gefangene Menschen die Bedürfnisse ihrer Besitzer zu erfüllen. Heute sind es oftmals die Tiere. Hunde müssen Leberwurstbrote fressen, Katzen sollen ihre Krallen an albernen Sisalstöcken schärfen, und Vögel dürfen in einer Voliere von rechts nach links fliegen. Was der Mensch braucht, das will er besitzen. Doch was ein Mensch besitzt, dessen Freiheit kann er nicht genießen. Der Zugang zum Leben und der Zugang zur eigenen Seele sind ohne Freiheit und Freiwilligkeit nicht möglich. Wir fallen auf eine selbstgemachte Illusion herein. Und wir übertragen die Verantwortung für das eigene Leben und das eigene Wohlergehen auf Tiere, die sich nicht wehren können. Und dann sollen Tiere Heilung bringen. Tiere könnten dem Menschen etwas geben.

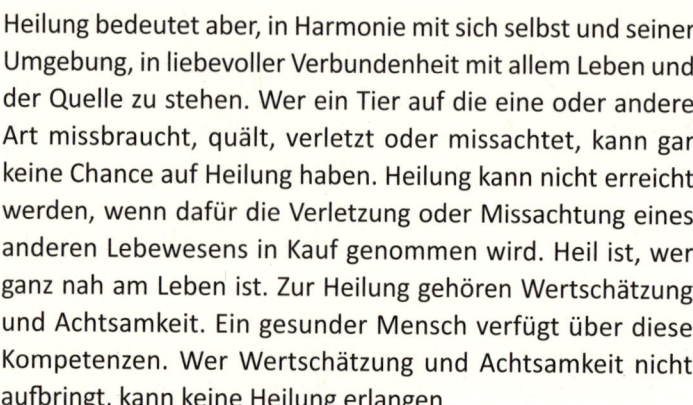

Heilung bedeutet aber, in Harmonie mit sich selbst und seiner Umgebung, in liebevoller Verbundenheit mit allem Leben und der Quelle zu stehen. Wer ein Tier auf die eine oder andere Art missbraucht, quält, verletzt oder missachtet, kann gar keine Chance auf Heilung haben. Heilung kann nicht erreicht werden, wenn dafür die Verletzung oder Missachtung eines anderen Lebewesens in Kauf genommen wird. Heil ist, wer ganz nah am Leben ist. Zur Heilung gehören Wertschätzung und Achtsamkeit. Ein gesunder Mensch verfügt über diese Kompetenzen. Wer Wertschätzung und Achtsamkeit nicht aufbringt, kann keine Heilung erlangen.

Dieses Buch handelt von Krafttieren und Seelengefährten. Es handelt nicht von Sklaven und Knechten. Um den Unterschied zu verstehen, ist es notwendig, den Kontakt zwischen Mensch und Tier in der Geschichte zu beleuchten. Dafür betrachten wir den Umgang unserer Vorfahren mit der Tierwelt. Dem Schamanismus wird ein besonderes Kapitel gewidmet, weil in der schamanischen Kultur der Umgang mit dem Krafttier eine zentrale Stellung einnimmt. Aber auch die sogenannten Hexentiere und die Fabeltiere, die nahezu überall auf der Erde bekannt sind, werden dargestellt.

Die Arbeit mit dem Krafttier hat viele Gesichter, und jeder wird seinen eigenen Weg finden, sich der Gemeinschaft mit einem oder mehreren tierischen Mitgeschöpfen zu versichern. Es gibt kein Falsch oder Richtig, wenn ein Mensch seinen spirituellen Weg geht. Nur spirituell sollte dieser Weg sein, also geführt vom Geist, nicht vom Verstand und auch nicht von rationalen Überlegungen. Die Arbeit mit dem Krafttier kann nicht über ein Buch erfolgen und auch nicht über einen Kurs. Krafttiere sind individuell. Krafttiere begleiten das Selbst eines Menschen, nicht sein Ego. Die eigene

Individualität, der eigene Geschmack und persönliche Vorlieben oder Abwehrhaltungen gehören nicht auf den spirituellen Weg. Das Wissen um Krafttiere ist in jedem Fall kollektiv. Jeder Mensch wird allerdings seine individuellen Erfahrungen mit seinem Krafttier machen, denn jeder sieht nur einen kleinen Ausschnitt dessen, was das Krafttier bedeuten kann. Deshalb braucht sich niemand zu wundern, wenn der beste Freund mit dem gleichen Krafttier ganz andere Erfahrungen macht als man selbst. Wir kennen das vom Umgang mit Menschen ebenso. Der eine sieht in dir vielleicht die gute Zuhörerin, der andere die engagierte Mutter. Ein Dritter weiß deine Kochkünste zu schätzen. Jeder hat recht, denn in dir stecken all diese Qualitäten und noch viele mehr. Man sieht immer das, was man kennt. Deshalb bekommt man meist ein Krafttier, das man nicht kennt und mit dem man zuerst gar nichts anfangen kann. Schließlich eröffnet ein Krafttier neue Wege. Wer diesen neuen Wegen vertraut, erlebt eine Erweiterung seines Horizontes.

Ein letztes Wort noch zur Nutzung dieses Buches: Es sind an unterschiedlichen Stellen Übungen dargestellt. Sie dienen als Anleitungen, um mit den Krafttieren zu arbeiten, und sind selbstverständlich übertragbar. Wer sich ermutigt sieht, seine eigenen Übungen zu seinem Krafttier zu entwickeln, erlebt eine optimale Arbeits- und Erfahrungstiefe.

von heiligen kühen und katzengöttern

Tiere spielten für Menschen schon früh eine große Rolle. Bereits die Höhlenmalereien beweisen, dass Menschen sich mit Tieren befasst haben. Auch die ersten Schriftzeichen hatten oft die Form von Tieren. Wir können das auf ägyptischen Schrifttafeln ebenso sehen wie bei den Runen der Menschen aus dem Norden Europas. Aus der Antike ist uns bekannt, dass je nach Kulturkreis Tiere verehrt oder sogar vergöttert wurden. Manche Tiere standen sehr hoch in der Achtung der Menschen, und ihre Vergötterung spricht dafür, dass die Tiere immer auch etwas an sich haben, was dem Menschen unfassbar hoch erscheint und nicht zu entschlüsseln ist.

Was uns überliefert wurde, kann uns helfen, die vielfältigen Beziehungen zwischen Menschen und Tieren zu beleuchten. Tiere gehörten schon immer zum Leben der Menschen, sie waren sogar vor den Menschen auf der Erde und stellen frühere evolutive Stufen dar. Aus diesem Grund lohnt es sich, uns tiefer mit der Beziehung zwischen den Tieren und unserer Seele zu befassen. Verstehen werden wir sie wahrscheinlich nie ganz. Unser Wissen um die alten Zeiten ist viel zu lückenhaft. Und wir müssen uns hüten, unsere modernen Sichtweisen auf die Mensch-Tier-Kontakte zu übertragen. Wir haben uns weit von unseren natürlichen Ursprüngen entfernt, unser Ego hat gemeinsam mit der Ratio die Überhand gewonnen. Beides kommt im Reich der Tiere nicht vor. Wir scheinen Geschwister zu sein, eng verbunden und mit gleichem Ursprung, in tiefer Liebe vereint. Der Geist wohnt in einem kleinen Vogel ebenso wie in einem Menschenkind. Wenn wir still werden und das Leben wahrnehmen, können wir das spüren. Und doch sind Geschwister unterschiedliche Persönlichkeiten, mit verschiedenem Aussehen und oft ganz unterschiedlichen Lebenswegen und -inhalten. Unsere Geschichte teilen wir mit den Tieren, das ist nicht zu leugnen. Und unsere Physiologie zeugt davon, dass wir physisch den gleichen Ursprung haben. Doch wir ernähren uns anders. Wir Menschen sammeln Wissen aus Büchern, Tiere nicht. Aber das verändert den Geist nicht, denn wir können ihn nicht beeinflussen. Menschen tragen Kleidung, Tiere nicht. Doch auch das verändert nicht den Geist, nicht den eigentlichen Wesenskern. Ein Mensch ist nicht seine Garderobe, der Mensch wird sichtbar, wenn er nackt und als natürliches Wesen betrachtet wird. Ein Mensch ist weder ein Träger von Masken noch ist er ein Garderobenständer. Und dann ist er nicht weit von den Tieren auf der Erde entfernt. Dann freut er sich seines Lebens, lebt im Augenblick und versorgt sich mit allem, was er braucht.

Beginnen wir damit, unsere Geschwister aus dem Tierreich darüber kennenzulernen, wie unsere Vorfahren sie sahen. Natürlich können die folgenden Darstellungen nur lückenhaft sein. Dieses Buch ist kein Buch über die Antike, und außerdem sind uns viele Überlieferungen verloren gegangen. Wir können nur Rückschlüsse ziehen, doch wir haben keine Gewähr dafür, dass diese Schlüsse richtig sind. Die Geschichtsschreibung hat sich schon oft genug geirrt. Ich habe hier die bedeutendsten und auch geläufigsten Herrschaftsbereiche der Antike ausgewählt.

Babylonien

Im Zweistromland gab es in alter Zeit zwei große Gottheiten. Die eine war Ischtar, eine der ältesten Gottheiten, die uns bekannt ist. Sie war weiblicher Natur und hatte die Gestalt eines Löwen. Sie war die oberste Göttin und beschützte das gesamte Reich der Babylonier.

Hier nutzt der Beschützeranteil des Geistes eine starke, mächtige Gestalt. Vom Löwen erhofften die Menschen sich Unbezwingbarkeit, und diese Eigenschaft wünschten sie sich von ihrer Gottheit. Offensichtlich hatten die Babylonier eine Ahnung davon, dass Schutz eine Aufgabe war, die große körperliche Stärke erforderte. Heute leben wir zumindest in Mitteleuropa in einer friedlicheren Welt. Unser Schutz wird daher oft auch von zarten Wesen wie Engeln und Elfen gewährleistet. Der Wunsch, ein ganzes Volk kollektiv zu schützen, ist außerdem inzwischen vollkommen verschwunden. Unser Schutzbedürfnis bezieht sich heute in der Regel ausschließlich auf einen einzelnen Menschen, manchmal sogar nur auf eine einzige Situation wie eine Reise, eine Krankheit oder Ähnliches.

Die Stadt Babylon selbst hatte auch einen körperlich beeindruckenden Schutzgott, der in der Gestalt eines gehörnten Drachen seines Amtes waltete. Sein Name war Marduk.

Ägypten

Die ägyptische Kultur war voller Gottheiten. Forscher gehen von mehr als 1500 Göttern aus. Es gab Götter, die sich zum Wohle ganz Ägyptens um die Ordnung und das Wohlergehen kümmerten, gleichzeitig aber hatten noch jeder Landesteil und sogar jedes Dorf einen eigenen Gott. Hier können wir entweder auf ein besonders großes Bedürfnis nach Gottheiten schließen oder darauf, dass bereits die Individualisierung begann. Nur einer der bekannten ägyptischen Hauptgötter stand nicht in Verbindung mit einem Tier. Amun-Re, der König aller Götter und Hauptgott Ägyptens, dessen Name „Der Geheimnisvolle" bedeutet, war ein Gott in Menschengestalt. Der Gott Re ist uns sicher allen aus Erzählungen bekannt. Er war ein sehr mächtiger Gott, der Sonnengott. Seine Gestalt veränderte sich. Frühmorgens war er ein Skarabäus, der die Sonne anschob, mittags verwandelte er sich in einen Falken, der zur Sonne hinaufflog. Abends mutierte Re dann zu einem alten Mann, den die Kräfte verließen. Hier sehen wir, wie leicht ein Gott zwischen Menschen- und Tiergestalt wechseln konnte. Der Geist scheint keinen Unterschied zwischen den verschiedenen Körperformen zu machen. Der Skarabäus ist noch heute ein Glücks- und ein Schutzsymbol in Ägypten. Er segnet die Anfänge neuer Vorhaben.

Ein Menschenkörper mit Ibis- oder Paviankopf machte die Gestalt des Gottes Thot aus. Er war der Gott der Ordnung, der Mathematik, der Magie und des Kalenders. Thot war Gott der Gerechtigkeit und Schutzmacht der Schreiber. Auch Thot zeigt uns, dass es keine Probleme damit gab, Menschen und Tiere zu verbinden. Sobek, Gott des Wassers und der Fruchtbarkeit, lebte in der Gestalt eines Krokodils. Die Krokodile, die in

Sobeks Tempel lebten, wurden von den Priestern gepflegt. Sie wurden verehrt und nach ihrem Tod sogar mumifiziert und feierlich bestattet. Khnum war der Gott, der den Menschen der Legende nach auf einer Töpferscheibe geformt hatte. Er war Mensch mit einem Widderkopf und schenkte den Menschen das Leben. Bastet war eine weibliche Gottheit, die besonders für Milde, Harmonie und Festlichkeiten zuständig war. Sie hatte entweder die Gestalt einer Katze oder einer Frau mit Katzenkopf. Bastet wurde reich geschmückt mit Goldringen dargestellt. Die Göttin der Liebe, des Tanzes und der Musik war Hathor. Für uns moderne Europäer mag es verwunderlich erscheinen, dass sie entweder als Kuh oder als Frau mit Kuhhörnern dargestellt wurde. Aber die Ägypter sahen in der Kuh Anmut, Beweglichkeit und Rhythmus. Bemerkenswert ist, dass damit im alten Ägypten das Rind mit Tanz und Musik verbunden war, also vollkommen konträr zu der Auffassung, es habe mit Bodenständigkeit und Starrsinn zu tun. Wir haben eine ähnliche Verbindung zwischen Rind und Anmut bei der Feier der Göttin Athene in Griechenland. Wie ein Tier wahrgenommen wird, scheint von den Lebensbedingungen und Erfahrungen abzuhängen, die die Menschen machen.

Tiere im antiken Griechenland

Der griechische Götterhimmel war von Göttern und Halbgöttern bewohnt, die meist Menschengestalt hatten. Doch ist uns überliefert, dass manche Götter die Gestalt eines Tieres annehmen konnten, um sich den Menschen zu nähern. So konnte Zeus sich beispielsweise verwandeln, um jungen

Erdenfrauen nachzustellen. Manchmal könnte man meinen, die Götter hätten einen leichteren Zugang zu Tieren als zu Menschen gehabt. Das spricht dafür, dass Tiere hoch angesehen waren, ein Tierkörper war sogar eines Gottes würdig. Manche Figuren aus der Götterfamilie, wie die Zyklopen, waren auch Fabelgestalten.

Tiere spielten auch bei festlichen Ritualen und Feierlichkeiten eine Rolle, und zwar meist als Opfertiere. Auch das ist ein Beweis für die hohe Stellung, die die Tiere innehatten. Wertloses wurde nicht für das Opfer an die Götter verwendet. Das jährliche Fest zu Ehren der Göttin Athene, die Panathenäen, wurde zum Beispiel mit 100 weißen Kühen gefeiert. Diesen Kühen wurden die Hörner golden angemalt, bevor sie zum Standbild der Athene im Parthenon getrieben wurden. Sie wurden geschlachtet, und Knochen und Fett wurden für die Götter verbrannt. Das Fleisch wurde als Festmahl gereicht.

Das antike Rom

Jeder kennt die Geschichte von Romulus und Remus. Wie viele Figuren aus den Mythen der Welt werden auch die beiden Zwillinge als Säuglinge in einem Weidenkörbchen auf einem Fluss, hier dem Tiber, ausgesetzt. Eine Wölfin findet sie und ernährt sie, bis die beiden eine Stadt gründen. Durch einen Bruderstreit veranlasst, tötet Romulus seinen Bruder Remus und gibt der Stadt schließlich den Namen Rom.

Das Wolfsjunge ist eine bekannte Legende. Wir kennen sie auch aus Rudyard Kiplings „Dschungelbuch".

Tiere bei den Kelten

Die Keltische Kultur erstreckte sich über ganz Europa. Es handelte sich um verschiedene ethnische Gruppen mit ähnlichen kulturellen Vorstellungen und Sprachen, aber ohne zentrale Führung und einheitliche Riten und Gebräuche. Trotzdem kann man im allgemeinen Umgang der Kelten mit Tieren Gemeinsamkeiten erkennen. Allerdings sollte man beim Lesen der Quellen stets beachten, dass die Beschreibung der keltischen Kultur nicht von den Kelten selbst, sondern von römischen Beobachtern vorgenommen wurde. Das bedeutet, dass viele Vorurteile die Berichterstattung färbten, denn für die römischen Geschichtsschreiber waren die Kelten kulturlose Barbaren.

In den keltischen Kulten spielten Pflanzen und auch Tiere eine große Rolle. So gab es den Gehörnten, Cerrunnos, der als Herrscher des Waldes in Gestalt eines Hirsches als Gott der Fruchtbarkeit verehrt wurde. Als ein Sinnbild und eine Verkörperung der Heilung galt der Hund. Gleichzeitig wurde er mit dem Tod in Verbindung gebracht. Diese Doppelrolle entstand dadurch, dass man an eine Wiedergeburt glaubte, so dass der Tod immer auch eine Heilung von allen irdischen Mühen war. Ein Beweis für den Wert der Tiere in der keltischen Kultur ist in den Tieropfern zu sehen. Man opferte den Göttern Tiere, um sie gnädig zu stimmen, sich zu bedanken oder eine Bitte vorzubringen. Bevorzugt schienen Hunde und Pferde als Tieropfer zu dienen, soweit die bisherigen Ausgrabungen verraten.

Diese kurzen Einblicke in frühere Kulturen zeigen uns, wie sich der Umgang mit Tieren verändert hat. Tiere sind speziell in unserer Kultur ein Besitz. Sie stehen nicht mehr im Kontext

Geist – Gott – Tier/Mensch. Wir diskutieren sogar, ob Tiere eine Seele haben. Und alles, was Tiere erleben, erleben sie im Dienste des Menschen. Sie werden geboren und gezüchtet, um gegessen zu werden. Sie werden besessen, um uns zu beschützen. Sie werden dressiert, um uns zu unterhalten, und abgerichtet, um für uns zu arbeiten. Tiere werden aufgenommen, um uns Gesellschaft zu leisten, und gekauft, um unseren Wohlstand zu repräsentieren. Sie werden benutzt, wenn es Menschenkindern an Sozialverhalten in der eigenen Art fehlt. Tiere sind Lieferanten für alles, was in unserem Leben defizitär ist. Das hat ganz und gar nichts mehr damit zu tun, dass Menschen und Tiere den gleichen Ursprung haben. Wir können Tiere heute nicht mehr sehen, wie unsere Vorfahren es konnten. Wer kann ein Tier anschauen, ohne zu wissen, unter welchen Umständen es in dieses Leben kam? Es wäre naiv, diese Entwicklungen zu verdrängen. Die Sicht der heutigen Menschen auf die Tiere muss erst geklärt werden, bevor wir dem Tier mit Ehrfurcht statt mit Helfersyndrom und mit Respekt statt mit Mitleid begegnen können. Um Tiere als Gefährten zu sehen, sollten wir uns das klarmachen. Es reicht nicht, in nächtlichen Aktionen Legehennen zu retten, damit sie nicht mehr für das Geld von Unternehmern arbeiten müssen. Wir lassen sie danach selten frei, sie gehören dann jemand anderem. Und der neue Besitzer befriedigt ebenfalls ein Bedürfnis. Entweder darf er sich durch das Huhn als guter Mensch fühlen, deshalb muss das Huhn in seinem Gehege bleiben, oder er lässt das Huhn in einer anderen Umgebung Eier legen.

Manche Tiere werden Besitz von Menschen, die in der menschlichen Gesellschaft zahlreiche Enttäuschungen erlebt haben. Ich habe Menschen erlebt, die sagen, ein Hund könne einem Menschen ein besserer Freund sein als ein Mensch. In solchen Fällen werden Tiere missbraucht. Kein Tier ist geboren, um einem Menschen zu dienen, auch nicht auf emotionaler Ebene. Hunde mögen ihren Herrn schätzen, doch ich bin sicher, Hundegesellschaft wäre ihnen lieber. Sie haben kaum eine Chance, bei uns wirklich ein Hundeleben zu führen. Sie müssen Leberwurstbrote fressen, in stickigen Etagenwohnungen leben und bekommen keine artgerechte Bewegung. Missbrauch ist keine Tierliebe. Liebe ist, einem Geschöpf die Freiheit seiner Art zu gewähren. Dazu lässt man Tiere in der Tierwelt, statt sie in einer Imitation tierischer Lebensräume einzusperren. Spinnen in Glaskästen, Fische in chemisch aufbereitetem Wasser und Schweine auf Balkonen sind ein Beweis für unsere Missachtung des Lebens und unsere Hybris. Wir modernen Menschen stehen mit niemandem mehr auf einer Stufe, und schon gar nicht ist uns etwas übergeordnet. Wir sind ganz oben. Seltsam, dass die, die sich für die Krone der Schöpfung halten, so voller Mängel sind, mit sich und ihren Artgenossen nicht umzugehen wissen und in Suchtmitteln, Ersatzhandlungen und mit tierischen Sklaven leben.

Für die Arbeit mit Krafttieren müssen wir lernen, uns wieder in das Leben zu integrieren. Das Tier ist frei, denn sein Geist kann nicht besessen werden. Jedes Tier, jede Pflanze und jeder Mensch trägt ein Puzzleteil zur Gestalt des Geistes bei. Wir dürfen das Tier betrachten und von ihm lernen. Und wir müssen dasselbe bieten. Was will das Tier lernen? Wohin will das Tier wachsen? Wir müssen dem Tier dankbar etwas zurückgeben. Das Tier braucht aber keinen Regenmantel und keinen Platz am Fußende eines Bettes. Und Licht hat das Tier selbst, die Kerze auf unserer Kommode ist für uns. Damit wird der Umgang mit Tieren aus der sentimentalen Schublade gezogen, und vielleicht landet er dann dort, wo er hingehört. Das natürliche Wesen Mensch begegnet einem natürlichen Wesen einer anderen Art. Wie natürlich kann die Begegnung sein, wenn der Mensch mehr und mehr ein Kunstprodukt ist? Diese Ehrlichkeit ist notwendig, damit seelische Arbeit mit Tieren nicht zu einer Freizeitbeschäftigung auf Kosten der Tiere wird. Und es funktioniert. Wenn der Mensch ehrliche Absichten hat, kann er Tiere respektieren.

tiere in der modernen medizin

Früher gab es nur einen bestimmten Einsatz von Tieren in der Medizin. Sie wurden als Versuchstiere gehalten, damit Medikamente getestet werden konnten, ohne dass Menschen zu Schaden kamen. Dieses Kapitel in der Beziehung von Mensch und Tier ist nicht schön. Wer sich mit Seelengefährten und Krafttieren befassen will, möchte das nicht lesen. Heile Welt für den Menschen, bitte. Doch wir leben in einem Verbund. Was wir dem Tier antun, dass tun wir indirekt der Weltenseele, der Quelle an. Wir rufen nach Heilung. Dabei übersehen wir, dass wir Menschen diejenigen sind, die das „Unheilige" erst in die Welt setzen. Seit einigen Jahren haben Tiere aber auch außerhalb der Laboratorien ein Einsatzfeld in der Medizin.

Delfintherapie und Reiten für emotional beeinträchtigte Menschen gehören heute zum Alltag. Welche speziellen Eigenheiten der Tiere hat der Mensch (wieder-)entdeckt, und wie werden sie genutzt? Kann der einzelne Mensch Tiere im normalen Alltag für seine eigene Gesundheit einsetzen? Dürfen Tiere als Heiler missbraucht werden, weil Menschen

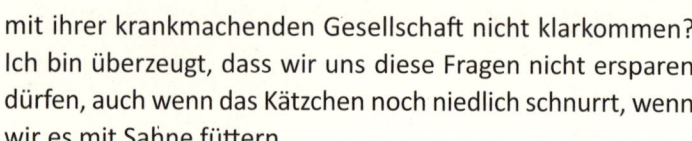
mit ihrer krankmachenden Gesellschaft nicht klarkommen? Ich bin überzeugt, dass wir uns diese Fragen nicht ersparen dürfen, auch wenn das Kätzchen noch niedlich schnurrt, wenn wir es mit Sahne füttern.

Tiere sind seit einiger Zeit in der modernen Medizin und auch in der Sozialarbeit und Psychologie ein Thema. Durch die zunehmende Vereinsamung in der modernen Gesellschaft gibt es Menschen, denen lebendige Zuwendung fehlt. Da ein Grundbedürfnis der menschlichen Seele die Verbundenheit ist, ist die Einsamkeit eines der größten Risiken für die Menschen heute. Es gibt immer mehr Singlehaushalte, und die Trennung der Geschlechter und der Generationen ist noch lange nicht überwunden. Ein Mensch braucht aber Kontakt zu lebenden Wesen, Communitys im Internet sind dafür ebenso wenig ein Ersatz wie der Fernseher mit seinen vermeintlichen Reality-Shows. Die Wärme und die Reaktionen, die von lebenden Wesen ausgehen, sind lebensnotwendig. Aus diesem Grund solle jeder Mensch, der allein lebt, ein Haustier halten, so die Empfehlung. Allerdings frage ich mich, warum man Menschen nicht darauf hinweist, dass sie lernen sollten, mit anderen Menschen zusammenzuleben. Warum ein Tier benutzen, dass doch in jedem Fall unter den mangelhaften Lebensbedingungen in der zivilisierten Menschenwelt leiden wird? Senioren, die den ganzen Tag allein sind, bekommen den gut gemeinten Rat, doch wenigstens einen Kanarienvogel zu halten. Mir stellen sich da die Nackenhaare auf. Warum muss ein Vogel in einen Drahtkäfig, nur weil es den Angehörigen der alten Menschen zu viel ist, ihnen regelmäßig Gesellschaft zu leisten? Hier beginnt eindeutig die Sklaverei der Tiere. Und wenn der alte Mensch dann in ein Seniorenheim kommt, darf er sein Tier oft genug nicht mitnehmen.

Dann hat der Sklave ausgedient und darf keine Forderungen stellen.

Die Heilung, die durch Tiere geschieht, ist ein vollkommen selbstverständlicher Prozess. Heilung bedeutet, heil sein. Heilung ist, wenn der Mensch nicht von der Quelle und nicht von eigenen Anteilen abgespalten ist und die Zugehörigkeit gewährleistet ist. Zugehörigkeit zum Ursprungsgeist ist das, was uns heil sein lässt. Dafür brauchen wir ein Lebewesen, das ebenso wie wir den Schöpfungsgeist trägt. Es entsteht ein Wiedererkennungseffekt. Mein Geist erkennt sich im anderen Geist. So ist meine Existenz wieder eins mit sich selbst und allem Leben. Das ist Heilung. Deshalb werden obdachlose Alkoholiker auch nicht geheilt, nur weil sie mit einem Hund an der Leine betteln. Sie sehen nicht den Geist im Hund, sie projizieren ihr Bedürfnis nach einem Freund auf das Tier. Der arme Hund wird für Gesellschaft missbraucht, zur Heilung kommt es nicht, weil der Mensch sie nicht sucht. Eher macht er das Tier noch zusätzlich krank. Er ernährt es falsch, bietet zu wenig Bewegungsfreiheit und hält es von Artgenossen fern. Eine sehr schlimme Geschichte spielt sich täglich zwischen Menschen und „ihren" Tieren in unserer Gesellschaft ab.

Die meisten Menschen fühlen sich allein durch die Anwesenheit eines Hundes oder einer Katze wohler. Tiere fördern zudem auch die Bereitschaft, Verantwortung zu übernehmen. In Kitas, Schulen und Seniorenheimen werden zunehmend Tiere gehalten, um die sich die Kinder bzw. Senioren kümmern können. Es gibt ambulante Dienste, die mit Hunden soziale Einrichtungen besuchen. Hier handelt es sich aber nicht um eine Therapie mit Tieren. Es soll nur der allgemeine, positive Aspekt des Kontaktes zu Tieren genutzt werden, um die Lebensqualität zu steigern. Die Veränderungen der Lebensbedingungen in der Gesellschaft sind die Ursache

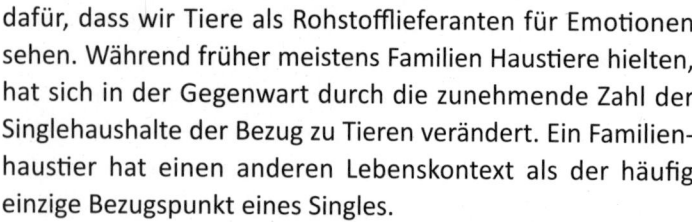

dafür, dass wir Tiere als Rohstofflieferanten für Emotionen sehen. Während früher meistens Familien Haustiere hielten, hat sich in der Gegenwart durch die zunehmende Zahl der Singlehaushalte der Bezug zu Tieren verändert. Ein Familienhaustier hat einen anderen Lebenskontext als der häufig einzige Bezugspunkt eines Singles.

Ein Aspekt, der in der Arbeit mit Tieren besonders hoch geschätzt wird, ist die Bedingungslosigkeit, mit der Tiere den Menschen begegnen. Menschen können das von ihrer Veranlagung her auch, aber die meisten haben es entweder verlernt, oder sie sind nicht bereit dazu. Menschen, die Probleme haben, sich selbst anzunehmen oder sich von anderen Menschen angenommen zu fühlen, erfahren bei Tieren eine bedingungslose Wertschätzung. Die Hauskatze oder der Hund orientieren sich nicht am Leistungsgedanken und auch nicht an Aussehen, Intelligenz oder Vermögen. Sie gewähren den Kontakt auf einer anderen, ursprünglicheren Geistebene. Tiere erkennen den lebenden Kern und begegnen diesem, auch wenn es sich um einen Artfremden, einen Menschen, handelt. Tiere sind zufrieden, wenn der regelmäßige Ablauf eines Tages nicht gestört wird. So können sie den Menschen dazu bewegen, dem Leben eine gewisse Struktur zu geben. Sie helfen dabei, sich an Regeln zu halten. Für viele Tierhalter ist der Zeitpunkt für den Spaziergang und das Füttern des eigenen Haustiers ein Ersatz für eine Uhr. Gerade Menschen, die allein leben und keine Rituale mit anderen teilen, leben dadurch in einer notwendigen Ordnung, die Halt und Sicherheit geben kann.

Viel differenzierter ist die Arbeit mit Tieren, wenn es beispielsweise darum geht, soziale Störungen aufzulösen. Hier wird von der Tiertherapie gesprochen. Ein anderer Begriff ist „tiergestützte Therapie". Dieser zweite Ausdruck erklärt genau, worum es geht. Ein ausgebildeter menschlicher Therapeut führt eine Therapie durch, in der auf die Anwesenheit eines Tieres zurückgegriffen wird. Nicht das Tier therapiert. Es wird als Anschauungsobjekt oder Impulsgeber genutzt. Einen wissenschaftlichen Nachweis für die Wirksamkeit dieser Therapien gibt es nicht. Inerhalb meines kleinen Horizontes bin ich Menschen begegnet, die viele Opfer gebracht haben, um tiergestützte Therapien zu finanzieren. Leider habe ich bisher keinen einzigen Fall einer Heilung erlebt. Ich habe bei den Patienten Wohlgefühl, Freude und Hoffnung gesehen, aber nicht Heilung. Um das besser zu verstehen, können wir einmal die Erkrankung „Depression" betrachten. Ein Urlaub oder ein Tapetenwechsel verändert die Erkrankung nicht. Der Depressive erlebt Ablenkung, Freude, Wohlgefühl. Heilung erlebt er nicht. Heilung ist immer innen und kann nicht von außen geschehen. Das liegt in der Natur der Heilung. Wie oben bereits erwähnt, geht es um das Zusammenführen von etwas, das zerbrochen, gespalten ist. Ein einfaches „Hinzufügen" von etwas Fremdem kann keine Heilung bewirken.

Durch die Medien sind besonders die Delfintherapie und das therapeutische Reiten bekannt. Allerdings gehört das therapeutische Reiten nicht zu den Hippotherapien (Therapie mit Pferden), vielmehr ist es eine eigenständige Behandlungsform.

Was ist aber nun von der sogenannten Tiertherapie als medizinische Behandlung zu halten? Die bedeutendsten Formen von Tiertherapie sind Hundetherapie, Katzentherapie, Hippotherapie und Delfintherapie. Alle gehören in den Bereich der alternativen Behandlungsformen bei neurologischen oder psychiatrischen Erkrankungen. Sie sollen die Symptome heilen oder zumindest lindern, wenn man den Befürwortern glaubt. Die wenigsten dieser Therapien werden von Krankenkassen finanziert, weil die Belege für ihre Wirksamkeit fehlen. Das muss allerdings noch kein Beweis dafür sein, dass sie keinen Effekt haben. Denken wir an die früheren Heilsteine, deren Wirkung auch niemals nachgewiesen werden konnte. Und doch gab es Menschen, die sicher waren, ihre Kopfschmerzen durch ein Heilsteinelixier erfolgreich behandelt zu haben. Vielleicht haben Tiere eine Art Placeboeffekt. Das ist nicht verwerflich, wenn es nützt.

In den verschiedenen Tiertherapien geht es auch nicht ohne Menschen. Tiertherapeuten brauchen eine ganz bestimmte Ausbildung, um im Rahmen einer therapeutischen Intervention Tiere einbeziehen zu dürfen. Es geht also weniger um die Anwesenheit des Tieres als vielmehr darum, dass ein menschlicher Therapeut sich eines lebendigen Hilfsmittels bedient.

Betrachtet man das Konzept der „tiergestützten Therapie" genauer, sieht es fast so aus, als sollten die Patienten ein neues „Leben lernen". Doch eigentlich kommt der Mensch ganz von allein mit Tieren in Kontakt. Schon Kleinkinder können mit Tieren kommunizieren. Sie scheinen intuitiv den richtigen Weg zum Tier zu finden. Später bilden sich dann Ängste und Vorbehalte aus. Woher kommt es, dass wir das Leben so verlernen?

Hunde-/Katzentherapie

Diese Art der Therapie wird mit Hunden oder Katzen durchgeführt. Hier dient das Tier als Mittel zur Interaktion zwischen dem Therapeuten und dem Patienten. Der Tiertherapeut hat eine spezielle Zusatzausbildung. Gerade bei Erkrankungen, die die Kommunikationsfähigkeit beeinträchtigen, wird diese Therapie eingesetzt.

Hunde gehören zu den häufigsten Haustieren, und auch als Krafttiere treten sie oft auf. In unserem Kulturkreis besteht kaum Angst vor Hunden, wir sind an ihren Anblick gewöhnt. Manchen Menschen gelingt es eher, einem Hund zu vertrauen als einem Menschen. So ist der Hund quasi der Weg zum Mitmenschen. Hunde werden auch eingesetzt, um das Verantwortungsgefühl in Kindergärten oder Seniorenheimen zu stärken. Gerade die Menschen, die wenig menschliche Anerkennung erfahren, erleben durch das Zutrauen eines Hundes eine Stärkung ihres Selbstwertgefühls. Wer sich der menschlichen Gesellschaft nicht gewachsen fühlt, nährt sich darüber, dass ein Tier seine Gesellschaft sucht. Leider muss das Tier dafür eine spezielle Ausbildung durchlaufen und darf keine artgerechte Lebensführung mehr erwarten. Die beschäftigten Hunde und Katzen werden nicht einmal gefragt, ob sie lieber frei wären. Sie arbeiten kostenlos und auf Bestellung, wie bequeme Roboter oder Sklaven. Eine Revolte ist auch nicht zu befürchten, dafür fehlt ihnen der Kontakt zueinander. Und hier kommt wieder zum Tragen, dass bisher keine Wirksamkeit des Einsatzes von Tieren in diesen Zusammenhängen nachgewiesen werden konnte. Für eine bloße Chance auf einen Erfolg, der vielleicht auch anders zu erzielen wäre, benutzen wir Tiere. Für mich ist dieser Trend der Nachfolger des Pelzmantels – wer es sich leisten kann, der schmückt sich mit Tier. Peinlich, aber wahr.

Hippotherapie

Die Hippotherapie ist genau genommen keine Therapie, sondern eine Behandlungsform, die in den Bereich der Physiotherapie fällt. Der Patient wird durch die Bewegungen des Pferdes quasi mit „bewegt". Die Impulse, die durch den Gang des Pferdes gegeben werden, sollen den Bewegungsapparat des Patienten stärken. Die Wirkung der Hippotherapie ist bisher nicht nachgewiesen. Es scheint sich um eine Art Massage durch den Pferderücken zu handeln. Die Hippotherapie ist recht weit verbreitet und in der Bundesrepublik sehr gut organisiert. Sie wird besonders bei Kindern eingesetzt.

Physiotherapie könnten wir Menschen uns auch dadurch ersparen, dass wir ein körpergerechtes Leben führen. Wenn wir das um keinen Preis wollen, ist es unsere eigene Entscheidung. Was aber hat das arme Pferd damit zu tun, das in der Box auf einen Patienten wartet, um dann in einer Halle im Kreis zu laufen? Wie ernst nehmen wir den Tierschutz? Geht es nur um „satt und sauber" wie bei unseren Kindern und Alten?

Therapeutisches Reiten

Mit Pferden wird auch das schon erwähnte therapeutische Reiten durchgeführt. Es wendet sich an Kinder und Jugendliche mit sozialen und psychischen Störungen. Ähnlich wie bei der Hundetherapie soll der Kontakt zum Therapeuten durch das Tier erleichtert werden. Gerade Pferde wecken Gefühle der Geborgenheit. Diese Fähigkeit wird genutzt, damit Patienten sich öffnen.

Delfintherapie

Sehr umstritten in ihrer Wirksamkeit ist die Delfintherapie. Sie wird bei Kindern mit seelischen und mentalen Behinderungen angewandt, und bisher liegen keine Wirksamkeitsnachweise vor. Auch für Patienten im Wachkoma wird die Delphintherapie angeboten. Obwohl die Forschungen noch nicht abgeschlossen sind, besteht doch wenig Hoffnung, dass diese Therapieform einen bedeutenden Stellenwert in der Medizin erhalten wird. Ebenso ist eine zukünftige Übernahme der Kosten für delphintherapeutische Interventionen durch die Krankenkassen eher unwahrscheinlich. Bisher ist es in den meisten Fällen so, dass Tiertherapie zugelassen ist, aber von den Patienten selbst bezahlt werden muss.

Abschließende Gedanken zur Tiertherapie

Der Einsatz des Tieres zum Zweck der Heilung setzt in der Schulmedizin voraus, dass das das Tier abgerichtet wird. Es unterliegt also dem Willen und der Führung des Menschen. Diese Arbeit mit Tieren muss deutlich von der Krafttierarbeit abgegrenzt werden, denn ein freies Tier ist ein anderer Kontakt als ein gezähmtes Tier. In der Krafttierarbeit hat das Krafttier einen eigenen, freien Willen, und genau um diesen Willen in Freiheit geht es bei den Krafttieren. Ein gutes Beispiel dafür sind die Forschungen an Wölfen. Nachdem jahrelang Wölfe in Gefangenschaft unser Bild vom Wolf geprägt haben, haben

neuere Forschungen mit freien Wölfen unser Wissen grundlegend verändert. Das Verhalten eines Tieres in Gefangenschaft lässt sich eben nicht oder nur in sehr geringem Ausmaß auf das Verhalten des Tieres in seiner natürlichen Umgebung übertragen. Hier stehen wir Menschen immer wieder in der Gefahr, unsere Vorstellungen, Empfindungen und Wünsche auf das Tier zu projizieren. Man stelle sich vor, wir würden den Zwerghund in Menschenhaltung als Liebhaber von Regenmäntelchen darstellen. In seiner natürlichen Umgebung hätte sicher kein Hund Interesse an Kleidung. Doch allzu häufig nehmen wir den Tieren ihre natürlichen Lebensbedingungen und haben so ein Alibi für das Hundemäntelchen. Denn selbstverständlich friert ein Hund im Winter, der den ganzen Tag vor dem Kamin liegt und in seiner Ursprungsregion keine Kälte kennt. Er gehört einfach nicht hierher. Das gilt genauso für Laufhunde in Etagenwohnungen, Begleithunde, die den ganzen Tag allein sind, und für Schäferhunde bei Singles. Und doch gibt es Menschen, die steif und fest behaupten, ihr Hund friere im Winter, ohne dabei zu berücksichtigen, dass der Hund einfach in der falschen Region gehalten wird. Ich habe das sogar schon von einem Hundehalter gehört, dessen Hund seiner Art nach aus dem Himalaya stammt. Leider wurde das Tier im Winter nicht in den Garten gelassen, es könnte ja frieren.

Der Grat zwischen einem authentischen Umgang mit unseren Mitgeschöpfen aus dem Tierreich und der Projektion unserer eigenen Auffassungen, die aus unserer Ratio und manchmal auch aus menschlicher Hybris heraus entstehen, ist sehr schmal. Beim Umgang mit Tieren sollte der Respekt vor der unbekannten Art immer an erster Stelle stehen. Wer wirklich von Tieren lernen will und ihre Werte genießen möchte, muss in der Lage sein, seine Ratio hinter seine Seele zu stellen. Und wer sich Tieren nähern will, sollte freie Tiere als Kontakte wählen. Die findet man nicht im Zoo oder beim Züchter und auch nicht im Tierheim. Es ist schon komisch, wie viele Menschen die freien Tiere, die Insekten und Spinnen, Bienen und Wespen fürchten. Auch freie Wölfe, Wildschweine oder Hirsche sind eher unbeliebt, genauso wie Marder, Dachse, Mäuse und Ratten. Aber genau das, was bei vielen beim Gedanken an einen Ameisenhaufen Ekel entstehen lässt, ist das Wesen des Tieres – Leben und Überleben, sich versorgen und dabei eben keine menschlichen Eigenschaften zeigen.

krafttiere - faszination im schamanismus

In einem Buch, das von Tieren handelt, die eine Bedeutung für die menschliche Seele haben, darf der Schamanismus nicht fehlen. Letztlich kennen wir Krafttiere aus der schamanischen Kultur. Hier werden imaginäre Tiere regelmäßig zur Heilung eingesetzt. Im Schamanismus gibt es keinen Menschen ohne Krafttier. Die schamanischen Kulturen aus Asien, Afrika und Nordamerika wären ohne tierische Gesellschaft und die Gleichwertigkeit der Tierwelt mit der Menschenwelt gar nicht denkbar. Viel mehr als andere Kulturen ist der Schamanismus einer Idee von Verbundenheit mit allem Leben und damit der Heilung und dem Heil-Sein verpflichtet. Wir Europäer sind ganz anders geprägt. Unser wirtschaftlicher Wohlstand, von dem wir alle profitieren und den kaum jemand aufgeben will, bedingt ein anderes Denkprinzip. Wir lernen, dass Wirtschaft nur funktioniert, wenn etwas fehlt. Einkaufen und Konsumieren folgen immer auf einen Mangel, der meist erst hergestellt werden muss. Bedürfnisse zu wecken, ist das Heilmittel der Wirtschaft. Und wir brauchen uns nicht selbst zu belügen – unsere Kultur lebt von einer

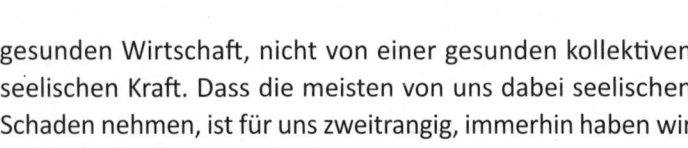

gesunden Wirtschaft, nicht von einer gesunden kollektiven seelischen Kraft. Dass die meisten von uns dabei seelischen Schaden nehmen, ist für uns zweitrangig, immerhin haben wir Geld, Autos, Kleider und Urlaubserlebnisse.

Schamanische Kulturen sind absolut anders. Dort darf jedes Lebewesen ganz und heil sein. Niemand muss bedürftig sein, denn der Bedarf liegt auf seelischer Ebene und dort hat jeder Zugang zu allen Ressourcen. Im Schamanismus wird innen gelebt, unser Leben wird im Außen und in Abhängigkeit davon geführt. Das ist zwar falsch und ungesund für den Menschen, denn es wird seiner Art nicht gerecht, aber wir werden von der großen Mutter „Wirtschaft" ernährt. Wir haben keinen Kontakt mehr zu unseren wirklichen Schöpfern. Da brauchen wir nichts schönzureden. Und auch ein Blick in den anderen Bereich, zum Beispiel in echte spirituelle (das bedeutet ja: geistliche) Welten, kann uns, wenn wir in kurzen wachen Momenten das Bewusstsein für unser Elend nicht länger betäuben können, nur trösten. Man kann nur schwerlich Schamanismus praktizieren, wenn man vorher acht Stunden lang für die Leasingrate seines Neuwagens freiwillig unter einer Neonröhre gesessen hat.

Im Schamanismus ist das Krafttier ein Lebensbegleiter von Geburt an, der durchaus auch aus der Welt der Fabeltiere kommen kann. Der Schamane kennt die Seele als ein eigenständiges Wesen, das einerseits in seinem Menschen wohnt, andererseits aber auch Bestandteil des Lebenskollektivs ist. Deshalb geht der Schamanismus davon aus, dass jede Seele von einem oder mehreren Krafttieren begleitet wird. Sie sind quasi die Boten aus der Quelle, die den Menschen durch sein individuelles Leben führen. In der christlichen Mythologie entsprechen den schamanischen Krafttieren die Engel, die Gottes Botschaft an die Menschen weiterleiten. Allerdings werden die Engel in der modernen Welt ebenso reduziert und missverstanden wie das Krafttier. Es geht nicht um ein Trostpflaster und auch nicht um einen Schutz vor der eigenen Unmündigkeit. Auch sind weder Schutzengel noch Krafttiere dazu da, die Fehler der Menschen auszubügeln. Wir sollten daher ihre Ansprüche an unseren Respekt nicht unterschätzen. Es darf beim Umgang mit seelischen Qualitäten nicht zu Missbrauch kommen. Dieser Anspruch ist sehr schwer zu erfüllen. Engel und Krafttiere stellen wie Pflanzengeister und andere Lichtwesen die Verbindung zwischen unserem eigenen Leben und der Schöpfungskraft her. Mut und Gleichheit in den Werten sind die Grundvoraussetzungen dafür, dass die Begegnung gelingen kann. Dabei darf es auf keinen Fall um die Ratio gehen. Nicht das Tier, das wir schon immer interessant fanden, ist unser Krafttier. Ohne eine schamanische Reise ist das Krafttier im Schamanismus nicht zu finden. Auf diesen schamanischen Reisen können auch die Krafttiere anderer Menschen gefunden werden. So kann eine Mutter das Krafttier ihres Kindes suchen oder ein Heiler das Krafttier eines Kranken. Da im Schamanismus das Fehlen eines Krafttieres als lebensbedrohlich gilt, ist es also durchaus möglich, die Ursache einer Krankheit im Fehlen eines Krafttiers zu sehen.

Der Schamanismus arbeitet bei der Heilung von Menschen mit körperlichen und seelischen Symptomen mit Krafttieren. Doch wozu werden diese Tiere wirklich eingesetzt? Sie werden dem Kranken nicht zum Streicheln in den Arm gelegt oder in einen Käfig gesperrt. Erstaunlicherweise sind diese Tiere oft physisch noch nicht einmal anwesend. Sie sind häufig nur in der Vision des Heilenden existent. Der Schamane greift mit Hilfe seines großen Vermögens zur Einfühlung in verschiedene Lebensaspekte auf die natürliche, tierische Qualität zurück, die dem Kranken helfen soll. Und so bedienen sich die Schamanen nicht der Tiere als Sklaven, sie benutzen kein Lebewesen als ihren Besitz, sondern sie finden die Qualitäten der Tiere in ihrem eigenen Unbewussten. Sie visualisieren das Tier, um der Qualität eine Gestalt zu geben. Das setzt einen ungehinderten Kontakt zu sich selbst und zum kollektiven Unbewussten voraus. Es bedeutet, vollständig mit dem Geist des Lebens zu verschmelzen und sein gesamtes Ego, seine individuelle Gedankenwelt zu überwinden. Aus genau diesem Grund ist das Heilen auf spiritueller Ebene für den Heiler so anstrengend. Es funktioniert nicht mit Materie, es funktioniert mit Geist. Schon ein Fünkchen eigene Ratio verschleiert das wahre Licht der Seele. Den eigenen Verstand so zu kontrollieren, dass er dem Geist nicht im Weg steht, ist eine schwere Aufgabe, die Konzentration, Disziplin und Kraft erfordert. In solchen Situationen greifen Schamanen auf Helfer aus dem Tierreich zurück. Diese fungieren dann als zeitliches, begrenztes Krafttier und übernehmen die Rolle eines Assistenten in einer speziellen Situation. Krafttiere des Schamanen sind sie im strengen Wortsinne aber nicht. Wenn sie ihre Aufgabe erledigt haben, werden sie vom Schamanen in Dankbarkeit wieder entlassen. Das eigene, persönliche Krafttier aber bleibt beim Schamanen.

Ich habe große Achtung vor allen Menschen, die mit dem Geist heilen können, doch es gibt nicht mehr viele. Die meisten kommen über das Ego und die Hilflosigkeit des Verstandes nicht hinaus. Sie brauchen Steine, Kräuter, Symbole, um zu heilen. Oder eben Tiere. Das ist die Technik, die auch die

Schulmedizin anwendet. Es wird ein Medikament zur Behebung der Symptome verabreicht. Hier handelt es sich um Heilung durch die Zugabe fremder Stoffe, nicht aber um die Aktivierung der Selbstheilungskräfte. Vielleicht nutzt der eine chemische Substanzen, die dem Vorbild der Natur nachgebaut wurden, und der andere nutzt die Natur direkt. Der Unterschied ist nicht so groß, wie immer angenommen wird. Heilen durch Krafttiere setzt voraus, dass das Tier frei und freiwillig hilft. Der Schamane kann das gewährleisten.

Diese Form einer Seelenwelt, in der alle Seelen in freier Verbundenheit leben, ist für uns Europäer schwer zu verstehen. Wenn wir mit einem Lebewesen verbunden sind, ergibt sich schnell ein Besitzanspruch. Wir stellen dann Regeln für die Gemeinschaft auf. Manchmal gibt es eine Hierarchie. Wir sind sogar in der Lage, die Freiwilligkeit des Begleiters sowohl menschlicher als auch tierischer Natur zu unterbinden. Da gilt eine Hauskatze, die sich auf Wanderschaft begibt, ganz schnell als ein entlaufener Besitz. Es gibt Menschen, die lassen ihre Umgebung lieber gezwungen und unglücklich sein als frei und glücklich. Die Verbundenheit ist darin zu sehen, dass wir alle aus derselben Quelle stammen, nicht, dass wir in der Gegenwart dieselbe Wohnung bewohnen. Nur so funktioniert Heilung wirklich, ohne ein anderes Lebewesen zu schädigen. Nur ein Tier, dessen urtümliche Kraft der Mensch nicht bricht und nicht einschränkt, ist ein Krafttier. Die alten Kulturen wussten das und achteten die Freiheit und die Selbstbestimmung ihrer Krafttiere. Schamanen sahen und sehen ihre tierischen Begleiter als gleichberechtigte Freunde an. Im Schamanismus geht man davon aus, dass Mensch und Tier sich gegenseitig helfen und bei der Entwicklung unterstützen. Sie pflegen eine Freundschaft auf der Basis der Freiwilligkeit.

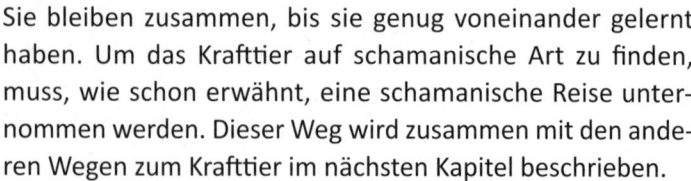

Sie bleiben zusammen, bis sie genug voneinander gelernt haben. Um das Krafttier auf schamanische Art zu finden, muss, wie schon erwähnt, eine schamanische Reise unternommen werden. Dieser Weg wird zusammen mit den anderen Wegen zum Krafttier im nächsten Kapitel beschrieben.

Um diesen kurzen Blick auf den Schamanismus abzuschließen, wende ich mich noch dem Begriff des Totems zu. Obwohl das Totem nicht direkt mit dem Schamanismus verbunden ist, wird es oft im gleichen Zusammenhang erwähnt. Grundsätzlich gehört ein Totem zu einem Menschen, einem Stamm oder einer Familie. Allerdings ist die Funktion des Totems nicht unbedingt an ein Tier gebunden, es kann sich auch um eine Totempflanze handeln. Es geht hier um ein Naturwesen, das dem Menschen von Geburt an zugeordnet ist. Vielleicht hat es ein bisschen Ähnlichkeit mit dem Sternzeichen, das wir in Europa direkt nach der Geburt ermitteln können. Manche Menschen bauen eine enge Beziehung zu ihrem Tierkreiszeichen auf. Das kann sogar so weit gehen, dass sie Lebensentscheidungen davon abhängig machen. Sie sehen sich als unweigerlich an dieses Zeichen gebunden und pflegen es das ganze Leben lang. Auch hier gibt es die optische Darstellung in Form von Schmuckstücken, Tassen, Schlüsselanhängern und Ähnlichem. Das Totem übernimmt die Funktion eines Schutzgeistes für eine ganze Gruppe oder für ein einzelnes Individuum. Es wird als Symbol entweder als Körperschmuck oder als Pfahl für das eigene Heim hergestellt. Unsere europäische Vorstellung der indianischen Arbeit mit Krafttieren ist häufig eine Mischung aus Totemkult und Krafttierarbeit, die aus Unkenntnis vermischt werden. Das Totem hat die Funktion eines Schutzgeistes, dessen Lebensfäden eng mit dem Schicksal seines Schützlings verwoben sind. Das Totemtier darf nicht verletzt oder gar getötet werden, und es begleitet den Menschen bis zu dessen Tod. Was dem Totem passiert, passiert auch dem Menschen, dessen Totem es ist. Ein Totem wird nicht benutzt, es ist einfach da und wird in Ehren gehalten. Es fungiert als Talisman. Die Krafttierarbeit dürfen wir nicht mit der Vorstellung eines Totems verwechseln, denn das Krafttier ist kein immerwährender Beschützer. Das Krafttier ist Begleiter, Lehrmeister und Aufgabe zugleich.

das eigene krafttier finden

Wer sich auf die Arbeit mit Krafttieren einlässt, kann sein eigenes Krafttier zum Beispiel auf dem Weg der Meditation und der Traumreise finden. Diese Arbeit gleicht der Archetypenarbeit und stellt eine tiefe seelische Erfahrung dar. Schon die Reise selbst ist ein Gewinn. Man kommt zur Ruhe, nimmt sich eine Auszeit von den Alltagsgedanken und befasst sich für eine kurze Zeit mit sich selbst. Das bedeutet, dass schon der Weg zum Krafttier Kraft gibt. Deshalb braucht niemand enttäuscht zu sein, wenn sich nicht sofort der gewünschte Erfolg einstellt. Manchmal dauert es lange, bis das Krafttier wirklich gefunden ist. Gerade Menschen, die bisher wenig mit seelischen Bildern in ihrem Bewusstsein zu tun hatten, brauchen etwas Übung. Auch zu hohe oder ganz eng gesetzte Erwartungen können Ursache dafür sein, dass die Suche nach dem Krafttier einige Male neu gestartet werden muss, bis sie gelingt. Richtige Arbeit mit dem Krafttier hat nichts mit Kuschel- oder Schutztieren zu tun. Wer sie gewissenhaft und vor allem korrekt betreibt, kann seiner eigenen Seele Kraft geben und Entwicklung ermöglichen.

Allerdings hat der Schamanismus mit dieser Arbeit nichts gemeinsam. Er ist eine eigenständige Art, der Seele zu begegnen, und verzichtet auf jede Interpretation und Analyse. Schamanen können die Seelenwelt akzeptieren, ohne sie hinterfragen, erklären oder beschreiben zu müssen. Das wurde bereits im vorigen Kapitel ausführlich dargestellt. Die stark rational bestimmte Gesellschaft, von der wir geprägt und in der wir aufgewachsen sind, hat diesen freien Zugang oft verschüttet. Wir begegnen der Welt mit der Ratio. Wir versuchen, der Logik zu folgen. Wir wollen verstehen, statt zu erfahren. Wir sind sogar in der Lage, uns Gefühle einzureden. Unsere Selbstsicherheit und das Vertrauen in uns selbst sind durch unsere Kultur der Bedürftigkeit nicht so gesund geblieben wie in Gesellschaften, in denen andere Ausprägungen im Vordergrund stehen. Wir sind uns selbst entfremdet und bekommen Zugehörigkeiten durch Kundennummern und Teilnehmercodes. Dadurch haben wir weniger Möglichkeiten, die Nähe zu uns selbst und zur Seelenwelt stabil zu halten.

Kommen wir darum nach dem Ausflug in die schamanische Welt zu einer eher europäischen Variante der Arbeit mit dem Krafttier. Sie hat ihre Wurzeln stärker in unserer streng materialistischen und kopfbetonten Welt des christlichen Abendlandes. Wenn auch die Sehnsucht danach, zu leben wie ein Urmensch in einem Naturvolk, groß ist, so wird sie nämlich doch unerfüllt bleiben. Jedes Lebewesen hat seinen eigenen Weg, der bei den ganz persönlichen Wurzeln beginnt. Sich einfühlen zu wollen in eine fremde Kultur bedeutet, seine Wurzeln zu wechseln, und das ist nicht möglich. Ich empfehle daher, offen zu sein für Erfahrungen, die wir im Umgang mit anderen Kulturen und deren Riten und Bräuchen machen dürfen. Doch gleichzeitig dürfen wir uns nicht selbst verleugnen.

Auch wir Europäer sind Kinder der Schöpfung. Wir sind richtig, und es ist gut, dass wir da sind. Alle Weltuntergangstheorien und auch der viel verbreitete Selbsthass auf europäischem Boden sind selbst gewähltes Leid. Wir sind Menschen mit übergroßem Ego und einer stark ratiobetonten Denkweise. Dafür müssen wir uns nicht schämen oder verachten. Wir führen unser Leben anders, nicht weniger lebenswürdig. Durch die Ansammlung von Schriften haben wir gelernt, der Materie eine große Rolle neben der Logik zu geben. Unsere Lernaufgabe besteht also darin, zum Vertrauen in den Ursprung zurückzufinden. Wir sollten uns nicht damit begnügen, andere zu imitieren. Wir müssen uns vieles zurückholen bzw. vieles wieder integrieren, was in anderen Kulturen (noch) selbstverständlich ist.

Der Psychoanalytiker Carl Gustav Jung hat zu Beginn des letzten Jahrhunderts wichtige Entdeckungen gemacht, die mit der menschlichen Seele zu tun haben. Er erkannte die Bedeutung des kollektiven Unbewussten. Dabei ging Jung davon aus, dass in der menschlichen Seele Kräfte wirken, die jedes Individuum mit allen anderen Menschen teilt. Diese Kräfte wirken unbewusst in jeder wachen Minute und zeigen sich im Schlaf. Durch seriöse Traumdeutung können wir die Botschaften des kollektiven Unbewussten entschlüsseln. Doch wir können uns auch durch die Meditation unseren unbewussten Aspekten nähern. So geschieht ein erster Schritt zur Heilung. Heilung bedeutet eins zu sein mit sich, vollständig und auch vollkommen zu sein. Erst wenn die unbewussten Vorgänge integriert werden, kann wahre Heilung geschehen. In der Arbeit nach Jung kommen sogenannte Archetypen vor, etwa das innere Kind oder Animus und Anima, also weibliche und männliche Anteile. Alle inneren Kräfte zusammen ergeben die geheilte Seele. Hier kann eine Möglichkeit liegen, die Heilung durch das Zurückholen abgespaltener Anteile zu erreichen.

Die Krafttierarbeit kommt nicht in Jungs Ausführungen vor. Das ist sehr wichtig zu wissen, denn es sollte nicht passieren, dass man Archetypenarbeit mit Krafttierarbeit verwechselt oder beide in einen Topf wirft. Echte, schamanische Krafttierarbeit würde das Tier nie deuten müssen, wir aber sind darauf angewiesen. Wir deuten ja auch unsere Träume, während ursprünglichere Kulturen diese Sprache der Seele ohne Interpretationshilfen verstehen können. Der Wunsch, verborgene Kräfte zu sehen und zu integrieren, ist aber dennoch der gleiche. Auf dem Weg zur Heilung durch das Krafttier begeben wir uns auf Pfade, die tief in unsere Seele führen, um dort eine Wahrheit über das Leben und über uns zu finden, die unser kollektives Gedächtnis gespeichert hat.

In diesem Kapitel stelle ich einige Methoden vor, mit denen wir uns dem eigenen Krafttier nähern können. Wer mag, versucht es zuerst mit der schamanischen Reise. Es ist toll, wenn das gelingt.

Unser Krafttier kann wechseln. Liegt der Anfang der Krafttierarbeit in jungen Jahren, wird es unter Umständen schneller wechseln als in den Jahren der Lebensreife. Das ist leicht zu verstehen. Zu Beginn unserer spirituellen Entwicklung gibt es viel mehr zu integrieren als später. Denken wir einen Moment an die Kinder. Sie sind meist noch im Vollbesitz ihrer spirituellen Energien. Tiere gehören zu ihrem Leben. Sie fühlen sich wie starke Löwen, Elefanten wohnen im Kleiderschrank, und ohne ihre Kuschelschlange gehen sie nicht ins Bett. Sie sprechen mit Pflanzen und sind mit den unterschiedlichsten Lebensformen verbunden. Erst durch das sogenannte Erwachsenwerden beginnt eine Verwicklung. Durch die

Fähigkeit, sich an die gesellschaftliche Kultur anzupassen, statt die Natur zu leben, haben wir unsere Seele verwickelt. Wir sind leider keine Kinder mehr, allenfalls verhalten wir uns kindisch. Wir denken in Kategorien wie Gut und Böse, Schuld und Unschuld. Das ist die Vertreibung aus dem Paradies, die uns aus der Mythologie bekannt ist. Wir haben auf dem Weg durch eine Kindheit voller Verbote, Regeln und Erziehung vieles verloren. Der erwachsene Europäer kann sich viel besser an eine gesellschaftliche Norm anpassen und dort Zugehörigkeit fühlen als zur Quelle, die uns alle verbindet. Wir haben unseren Wunsch nach Gemeinschaft aus dem nach einer Gemeinschaft mit allem Leben in den nach einem gesellschaftlich anerkannten Leben verwandelt. Durch den Weg zur spirituellen Reife entwickeln wir uns wieder zurück und müssen wieder lernen, dass Tiere nicht an Leinen oder in Käfige gehören und dass wir auch als Menschen ein Recht auf eine „artgerechte" Lebensführung haben.

Die Arbeit mit Krafttieren kann den Weg zur Quelle öffnen und ist niemals abgeschlossen. Krafttiere wechseln, wenn ihre Aufgabe in unserem Leben erfüllt ist. Dann haben wir die Möglichkeit, ein anderes Krafttier zu finden, das besser zur gegenwärtigen Lebensaufgabe passt. Wenn ein Krafttier nicht mehr das richtige ist, merkt man es schnell. Man stellt die Arbeit mit dem Krafttier ein und fühlt es wie einen lieben Bekannten aus der eigenen Vergangenheit. Das Krafttier nimmt dann wahrscheinlich auch keinen tiefen Kontakt mehr zu uns auf. Spätestens wenn wir das Gefühl haben, das Kraft-tier sitze auf unserem Schoß, während wir fernsehen, gibt es keine Botschaft mehr. Dann brauchen wir weitere, andere Impulse für unseren Entwicklungsweg. Dann wird es Zeit für eine neue Suche. Manchmal geschieht es aber, dass man nicht auf die Idee kommt, das alte Krafttier solle weiterziehen. Dann

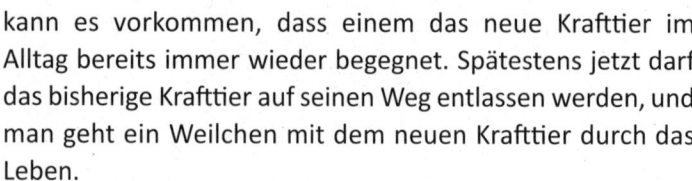

kann es vorkommen, dass einem das neue Krafttier im Alltag bereits immer wieder begegnet. Spätestens jetzt darf das bisherige Krafttier auf seinen Weg entlassen werden, und man geht ein Weilchen mit dem neuen Krafttier durch das Leben.

Krafttiere geben Impulse, sie ersetzen nicht die Bezugsperson. Wenn jemand den Eindruck hat, mit seinem Krafttier glücklich zu sein und keine Menschen mehr zu brauchen, dann sollte ein Psychologe aufgesucht werden. Das Leben in einer Scheinwelt ist gefährlich und kann bei fehlender Behandlung dazu führen, dass man den Bezug zur sichtbaren Welt vollkommen verliert. Diese sichtbare Welt ist aber eine notwendige Bedingung für unser Leben auf dem Planeten Erde. In eine Fantasiewelt zu entfliehen ist nur Ablenkung von einem Leid, vielleicht hervorgerufen durch Einsamkeit oder Ängste. Deshalb sollte der zeitliche Rahmen für die Krafttierarbeit auch begrenzt sein. Niemand darf bei aller spirituellen Arbeit vergessen, den physischen Rahmen seines Lebens zu achten. Wenn das Universum uns an den Ort gestellt hat, an dem wir jetzt sind, dann müssen wir das respektieren. Deshalb dürfen das Arbeiten und das Essen, das Schlafen und das Feiern nicht vergessen werden.

Wer schon Erfahrungen mit Meditation sammeln konnte, wird sich nicht schwertun, sein Krafttier zu finden. Es kann aber auch sehr mühevoll sein, sich diesem Begleiter aus der inneren Welt zu nähern. Hier gilt als oberstes Prinzip, dass die Ratio nicht mitspielen darf. Wer schon vor der Suche nach seinem Krafttier hofft, ein bestimmtes Tier zu finden, wird es schwerhaben. Denn dieses bestimmte Tier ist in der Regel von der Ratio bestimmt worden. Vielleicht trägt es Erinnerungen an schöne Lebensphasen oder an die Kindheit. Vielleicht mag man es einfach, weil man eines seiner Art als angenehmes Haustier erleben durfte oder noch darf.

Jeder kann die verschiedenen Techniken ausprobieren, die unten beschrieben werden. Niemand muss sich auf eine spezielle Art der Suche festlegen. Man kann auch nach und nach seine wechselnden Krafttiere mit wechselnden Möglichkeiten finden. Die meisten Menschen legen sich aber auf eine Methode fest, wenn sie geübt sind. Obwohl die meditativen Praktiken bekannter und letztlich auch üblicher sind, können Anfänger, wenn sie stark rational betont sind, über die kreativen Techniken oft bessere Erfolge erzielen.

Meditative Praktiken

Meditative Reise

Um eine meditative Reise zu unternehmen, brauchst du ein wenig Übung und einen guten Freund, der dabei hilft. Es ist leichter, sich die Wegbeschreibung vorlesen zu lassen, als sie vorher auswendig zu lernen. Die meditative Reise sollte nicht in einer Situation der Not unternommen werden. Außerdem empfiehlt es sich, bestimmte Vorbereitungen zu treffen, damit die Reise erfolgreich verläuft. Zuerst sollten Ort und Zeit der Reise festgelegt werden. Nach der Rückkehr solltest du keinen weiteren Termin mehr wahrnehmen müssen. Plane deine Reise also nach dem Tagewerk ein oder an einem Tag, an dem keine Pflichten auf dich warten. Meiner Erfahrung nach können meditative Reisen am besten früh am Morgen unternommen werden, doch nicht jeder steht gern mit dem ersten Hahnenschrei auf. Um einen guten Zugang zu deinem Unbewussten zu bekommen, solltest du dich vorher sowohl gedanklich als auch körperlich reinigen. Nimm eine Dusche und nutze bei Bedarf ein Peeling. Reinige auch deine Gedanken, indem du dich vergewisserst, dass du mit keinem Lebewesen in Disharmonie stehst. Dazu muss nicht alles rosarot sein. Harmonie bedeutet, dass du Streitigkeiten und Differenzen annehmen kannst und dich nicht dagegen wehrst, denn auch sie gehören zum Leben. Innere Ruhe entsteht durch das liebevolle Annehmen aller Qualitäten, die das Leben bietet. Du sollst auf dieser Reise nicht deinem Schatten, sondern deinem Krafttier begegnen. Dann bereite einen Raum vor, indem du auch ihn gründlich reinigst und Zeichen für Feuer, Wasser, Erde und Luft an den Ort der Meditation bringst. Da du nicht wissen kannst, welches Krafttier dir begegnen wird, öffnen wir die Tür für ein Wassertier mit einer Schale Wasser, wir locken ein Erdtier mit Kräutern und ein Lufttier mit einer Feder oder einer Räucherung. Die Tiere des Feuers laden wir durch eine brennende Kerze ein. Nimm eine innere Haltung der Dankbarkeit ein, bevor du mit deiner Meditation beginnst. Bleibe offen und lass alle Gedanken vorüberziehen, die dir in den Kopf kommen. Setz dich bequem hin und atme ruhig. Beobachte nur deinen Atem. Du kannst deine Reise unterstützen, indem du erst Basilikum räucherst, um deine Gedanken zu klären. Gib dazu Basilikum auf die Räucherkohle. Wenn das Kraut verbrannt ist, gib eine zweite Dosis, gemischt mit einer Messerspitze Muskat, auf die Räucherkohle. Muskat öffnet das Stirnchakra, mit dem wir Visionen empfangen. Lass dir nun den folgenden Text vorlesen. Notfalls kannst du ihn auch auf einem Tonträger speichern und für dich selbst abspielen, wenn du dich auf die Reise begibst. Es ist nicht sinnvoll, ihn während der Übung abzulesen, da es dir den Weg in die Meditation versperren würde. Damit genügend Zeit für die Entwicklung einer Vision bleibt, ist der Text so gegliedert, dass die Pausen erkannt werden können. Jeder Bindestrich steht für etwa drei Sekunden, jeder Absatz für eine längere Lesepause.

Reise zum Krafttier

Du verlässt in Gedanken den Raum, in dem du dich befindest. Du verlässt das Haus und nimmst die wärmende Sonne wahr.
Sanfter Wind streichelt dein Gesicht.
Nun gehst du rechtsherum auf einen unbekannten Weg. Du setzt einen Fuß vor den anderen – die Sonne wärmt dich – der Wind streichelt sanft dein Gesicht.
Du genießt Freiheit und fühlst die Ewigkeit.
Du hast Zeit und bist ganz ruhig und gelassen.
Langsam setzt du einen Fuß vor den anderen, und so kommst du in einen kleinen, freundlichen Laubwald.
Der Waldboden ist weich. Es riecht ein wenig modrig. Im Unterholz raschelt es lebhaft, und du freust dich darüber. Die Sonne schickt ihre wärmenden Strahlen durch das Blätterdach auf deine Haut.
Du hörst muntere Vögel singen.
Du setzt einen Fuß vor den anderen und fühlst Freiheit und Ewigkeit in dir und um dich herum.
Ohne es zu bemerken, trittst du aus dem Wald heraus und befindest dich auf einem schönen, einladenden Feldweg.
Um dich herum sind nur Wiesen und Felder.
Die Sonne wärmt deine Haut.

Der Wind streichelt sanft dein Gesicht.

Du fühlst dich frei und atmest tief durch.

Vor deinem Gesicht erscheint ein Schmetterling.

Mit seinen orangefarbenen Flügeln tanzt er vor dir her.

Du kannst seine Lebensfreude auch in dir spüren.

Die Sonne wärmt dich, und der Wind streichelt dich.

Du setzt einen Fuß vor den anderen, während der Schmetterling sich entfernt.

Deine Füße betreten eine grüne, satte Wiese.

Du erfreust dich an deiner Freiheit und am strahlend blauen Himmel.

Der Wind streichelt dich.

Während du langsam einen Fuß vor den anderen setzt, kommst du zu deiner Linken an eine alte Steinmauer.

Du kannst ein Tor in ihr sehen.

Nur noch wenige Schritte trennen dich vom Tor.

Eins – zwei – drei – vier – fünf.

Du öffnest das Tor und gehst hindurch.

Die Wiese setzt sich hinter dem Tor fort.

Es ist angenehm warm und der Wind begleitet dich.

Das Gefühl von Freiheit und von Ewigkeit ist in dir.

Du setzt einen Fuß vor den anderen.

Du fühlst dich wohl.

Vor deinen Augen erscheint ein Tier. Schau es dir genau an. Nimm Kontakt auf und frage nach, ob das Tier eine Botschaft oder einen Wunsch an dich hat. Wenn du genug Kontakt hattest, verabschiede und bedanke dich. Du kannst herkommen, wann immer du willst, du kennst den Weg.

Jetzt aber verlässt du dein Tier.

Die Sonne wärmt dich von Himmel herab.

Der Wind streichelt dein Gesicht sanft und mild.

Du hast die Botschaft und den Wunsch deines Krafttiers bei dir und gehst zurück.

Nur noch wenige Schritte trennen dich vom Tor.

Fünf – vier – drei – zwei – eins.

Du gehst hindurch und schließt das Tor hinter dir.

Die Wiese setzt sich hinter dem Tor fort.

Es ist angenehm warm, und der Wind begleitet dich.

Das Gefühl von Freiheit und von Ewigkeit ist in dir.

Du setzt einen Fuß vor den anderen.

Um dich herum sind nur Wiesen und Felder.

Die Sonne wärmt deine Haut.

Der Wind streichelt sanft dein Gesicht.

Du fühlst dich frei und atmest tief durch.

Die Sonne wärmt dich und der Wind streichelt dich.

Du setzt einen Fuß vor den anderen, während du in
der Ferne den Schmetterling von eben tanzen siehst.

Du betrittst das kleine Wäldchen.

Der Waldboden ist weich. Es riecht ein wenig modrig.

Im Unterholz raschelt es.

Die Sonne schickt ihre wärmenden Strahlen durch das
Blätterdach. Du hörst Vögel singen.

Du setzt einen Fuß vor den anderen und fühlst Freiheit
und Ewigkeit in dir.

Die Botschaft und den Wunsch deines Krafttiers trägst
du bei dir, während du auf den Weg kommst, der zu
deinem realen Zuhause führt.

Du atmest tief und erfreust dich an der frischen Luft.

Wenn du deinen Weg beendet hast und wieder in dem
Zimmer angekommen bist, von dem aus du dich auf
den Weg gemacht hast, öffne die Augen und recke und
strecke dich.

Meditatives Malen

Setze dich mit Zeichenmaterial ins Freie und beginne zu zeichnen, was du vor dir siehst. Konzentriere dich auf die Pflanzen, Mauern und was sonst noch in deinem Blickfeld ist. Irgendwann wirst du dein Bild mit einem Tier ergänzen. Lass dir aber Zeit, bis du dir ganz sicher bist. Zeichne dein Tier. Dein Bild muss kein Kunstwerk werden. Wenn du das Tier fertig gezeichnet hast, dann kannst du Kontakt zu ihm aufnehmen und es fragen, ob es dein Krafttier ist.

Orakelmethoden

Wenn du Freude an der Arbeit mit Orakelmethoden hast, dann kannst du versuchen, dein Krafttier auf diese Art zu finden. Besonders das Witchboard und das Pendel sind geeignet. Wenn du ein Witchboard hast, dann kannst du die Buchstaben, aus denen der Name des Krafttiers gebildet wird, ermitteln.

Mit dem Pendel geht es leichter als mit dem Board. Arbeite mit der Methode des Ja oder Nein, um das Element zu ermitteln, dem dein Krafttier zugehörig ist. Hierfür benötigst du drei Fragen. Selbstverständlich musst du dich und das Pendel vor der Sitzung reinigen. Die Fragen lauten:

„Ist mein Krafttier ein Tier des Wassers?" Lautet die Antwort „Nein", geht es mit der nächsten Frage weiter.

„Ist mein Krafttier ein Tier des Feuers?" Lautet die Antwort „Nein", geht es mit der nächsten Frage weiter.

„Ist mein Tier ein Tier der Lüfte?" Lautet die Antwort wieder „Nein", weißt du dass dein Krafttier ein Tier der Erde ist.

Kommt ein Ja auf eine der Fragen, geht es anders weiter. Denn dann nähern wir uns dem Krafttier mit anderen Fragen. Ich führe hier einige Beispiele an: „Hat das Tier Federn?" „Ist das Tier ein Säugetier?" Das Tier wird also quasi durch geschicktes Fragen eingekreist.

Traumerleben

Manche Menschen haben die Fähigkeit, darum zu bitten, dass ihnen eine Antwort im Traum gegeben wird. Diese Fähigkeit kann man lernen. Wenn du versuchen willst, dein Krafttier im Traum zu finden, kann das einerseits quasi per Zufall geschehen. Gerade Menschen, die ohnehin viel und aktiv träumen, haben gute Aussichten auf ein Krafttier im Schlaf. Wenn du dein Bewusstsein Richtung Krafttier lenkst, zum Beispiel jetzt durch das Lesen dieses Buches, kann das Krafttier einfach in einem nächtlichen Traum erscheinen. Wenn du andererseits zu denen gehörst, die eher selten träumen, dann kannst du ein wenig nachhelfen, indem du die folgenden Tipps beachtest:

Beginne den Abend etwa zwei Stunden, bevor du schlafen willst. Nimm ein entspannendes Bad oder eine warme Dusche und iss etwas Leichtes, das dir ein Genuss ist. Trinke keinen Alkohol und keine koffeinhaltigen Getränke und verzichte an diesem Abend auf die Nutzung von PC und Fernseher. Geh ein wenig spazieren oder befasse dich mit einer kreativen Tätigkeit wie Malen, Basteln, Handarbeiten. Auch eine CD mit klassischer Musik ist gut geeignet, dich zu entspannen und dir zu helfen, ruhig zu werden. Zur gewünschten Zeit gehst du in dein gut gelüftetes Schlafzimmer und legst dich zur Ruhe. Deine Gedanken sollen sich nun weder mit dem vergangenen

Tag noch mit dem kommenden befassen. Bitte den Schlaf, dir dein Krafttier zu senden. Solltest du in der Nacht wach werden und dich an einen Traum erinnern, schreibe dir sofort auf, was du geträumt hast. Manchmal hat man seine Träume nämlich morgens leider schon vergessen. Sollte es in der ersten Nacht nicht gelingen, dann übe weiter – du wirst sehen, auch du kannst ein Meisterträumer werden. Wenn du beginnst, aktiv zu träumen, jedoch nicht von deinem Krafttier, dann scheint das Thema nicht vordergründig für deine Seele zu sein. Du kannst nun entweder noch ein Weilchen warten, bevor du dich erneut der Krafttierarbeit zuwendest, oder du wählst den Weg der meditativen Reise, um deinen Gefährten aus dem Tierreich zu finden.

Schamanische Reise

Anders als alle oben beschriebenen Wege verläuft die schamanische Reise. Sie grenzt sich aus kulturellen Gründen komplett von der Arbeit mit dem individuellen oder kollektiven Unbewussten ab. Im Schamanismus ist die Seele eine eigenständige Kraft, ein fernes Land, das mit der Ratio nicht zu erfassen ist. Diese Seelenwelt ist in eine untere und eine obere Welt unterteilt. Mich erinnert diese Teilung an die beiden Aspekte des inneren Kindes und des höheren Selbst. Doch welche Wörter wir auch immer benutzen, wir sind als Europäer grundsätzlich nur begrenzt in der Lage, Schamanismus zu fühlen. Zentralasien, Afrika und Nordamerika stellen einen so stark anderen Untergrund für die Wurzeln des Lebens zur Verfügung, dass wir mit unseren europäischen Wurzeln einfach andere Wege für das Wachstum beschritten haben. Trotzdem können wir einzelne Bereiche des Schamanismus erleben und dadurch unseren Horizont erweitern und Kraft finden. Wenn du dich entscheidest, dein Krafttier auf einer schamanischen Reise zu finden, gehe den folgenden Weg:

Du brauchst für eine schamanische Reise eine Trommel von mindestens 40 Zentimeter Durchmesser und einen weichen Schlägel. Bitte verzichte auf künstliche Trommelmusik – entweder ist es dir ernst mit der schamanischen Reise, oder du wählst einen anderen Weg. Diese Trommel soll in die Trance führen und dich das Tor in die untere Welt finden lassen. Der Trommler schlägt gleichmäßig vier Schläge in der Sekunde. Du kannst das Trommeln einer Person deines Vertrauens überlassen oder selbst die Trommel schlagen. Wenn du dich selbst in Trance trommelst, bitte jemanden, dich nach etwa 20 Minuten wieder in die Gegenwart zurückzurufen. Wenn du einen Trommler hast, wird er das Rückrufsignal trommeln.

Das Rückrufsignal soll mindestens eine Minute lang dauern, damit der Reisende sich auf seinem Rückweg nicht verirrt und sich wieder in der Gegenwart verankern kann. Bitte darum, dein Krafttier zu finden, und beginne mit dem Mantra: „Ich reise in die untere Welt, um mein Krafttier zu finden." Sprich das Mantra so lange, bis du einen Eingang erkennen kannst. Das kann ein Mauerloch sein, ein Tor oder ein Kanaldeckel. Ebenso ist denkbar, dass du in einen Fluss springst oder in einen hohlen Baum kletterst. Der erste Eingang, der dir erscheint, ist dein persönlicher Eingang in die untere Welt. Wundere dich nicht, wenn du deinen eigenen Eingang seltsam findest. Wahrscheinlich wirst du für jede weitere schamanische Reise diesen Eingang nutzen, um die untere Welt zu besuchen. Ab jetzt sollst du dich nur noch führen lassen. Kennst du die schöne Geschichte von Alice im Wunderland? Alice fällt hinab und hinab, außer

Verwunderung und Erstaunen fühlt sie nichts. Vor allem denkt Alice nichts, sie nimmt die Impulse an, die sich ihr bieten. Du wirst dein wahres Krafttier auch nur finden, wenn du deiner Seele die Führung überlässt. Das Krafttier, das du auf einer schamanischen Reise findest, kann vollkommen von allem abweichen, was du bisher in der Tierwelt gesehen hast. Es kann eine Kreuzung aus einem Igel und einem Krokodil sein. Es kann ein Tier sein, das du noch nie lebend gesehen hast. Auch eines der alten Fabeltiere ist möglich. Wenn dein Krafttier dir nicht geläufig ist, fertige direkt nach deiner Reise eine genaue Beschreibung an, damit dir später keine Details verloren gehen. Diesen tierischen Gefährten und Ratgeber kannst du immer wieder treffen, wenn du dich in die untere Welt begibst. Wenn du dein Tier gefunden hast, spätestens aber nach 20 Minuten, gehst du den gesamten Weg zurück, bis du wieder dort angekommen bist, wo du deine Reise begonnen hast. Du kannst Kontakt zu deinem Krafttier aufnehmen, indem du zuerst fragst, ob es dein Krafttier ist. Das Tier wird dir antworten. Sollte die Antwort negativ ausfallen, setze deine Reise einfach fort, bis dir das nächste Tier begegnet. Fällt die Antwort aber positiv aus, kannst du deinem Krafttier weitere Fragen stellen. Wenn dir auf deiner Reise kein Krafttier begegnet, dann kann das daran liegen, dass du mit zu hohen Erwartungen und zu starker Anspannung auf die Reise gegangen bist. Auch Angst vor der unteren Welt kann die gewünschte Vision blockieren. Unternimm einen neuen Versuch an einem anderen Tag, oder versuche einen anderen Weg. Das Krafttier ist ein Geschenk, und Geschenke kann man nicht erzwingen.

Dem Krafttier im Alltag begegnen

Manchmal ist es wie verhext: Da hat man jahrelang nicht an eine Eidechse gedacht, und plötzlich trifft man sie im Wald, man bekommt eine Postkarte mit einer Eidechse geschickt, und eines Abends sitzt sogar eine auf der eigenen Terrasse. Man mag eigentlich keine Hunde, doch seit ein paar Tagen wedeln alle Hunde, denen man begegnet, freundlich mit dem Schwanz. Man beginnt, sie zu streicheln, und weiß eigentlich gar nicht, warum. Der Kontakt zu Tieren lässt sich glücklicherweise nicht vermeiden, sosehr man ihnen auch aus dem Weg gehen möchte. In der Werbung, auf Postern und Plakaten und durch die Medien werden wir mindestens an die Existenz unserer Mitgeschöpfe erinnert, selbst wenn wir uns in einem Leben zwischen Betonwänden und Neonröhren eingerichtet haben. Auch im ganz normalen Alltag kann sich das Krafttier zeigen. Normalerweise nimmt man schnell war, dass da etwas vorgeht, dem man seine Aufmerksamkeit schenken sollte. Wer unsicher ist, ob er diese Begegnungen vielleicht zu wichtig nimmt, der kann das Pendel befragen: „Ist dieses Tier mein Krafttier?" und sich ein Ja oder ein Nein als Antwort geben lassen.

Kreative Praktiken

Blindes Malen

Das Krafttier zu finden kann auch ein kreativer Prozess sein. Verbinde deine Augen, nachdem du Papier und Stift bereitgelegt hast. Und dann zeichne dein Krafttier, ohne deine Hände und ihr Werk zu sehen.

Tanzen

Lege deine Lieblingsmusik auf und tanze. Tanze, solange du willst, tanze als der Mensch, der du bist. Wenn du dich sicher fühlst, dann experimentiere mit deinem Körper. Bewege dich, wie du es vielleicht bisher noch nicht getan hast. Wie fühlst du dich? Kannst du jetzt, von deiner inneren Stimme geführt, ein Tier werden? Welches Tier wählst du? Nimm jetzt Kontakt zu ihm auf und frage, ob es dein Krafttier ist. Sei aber bitte ehrlich zu dir selbst. Ein Krafttier, das nicht dein Krafttier ist, stellt keine Entwicklungschance für dich dar. Dieses Tier wäre dann nur eine Projektion deines Geistes.

Buchstabenspiel

Wenn du ein Scrabblespiel hast, dann verteile alle Buchstaben auf dem Tisch vor dir. Schließe die Augen für eine Weile und atme ruhig ein und aus. Dann öffne die Augen wieder und lass deinen Blick über die Buchstaben schweifen. Kannst du jetzt spontan ein Tier finden? Auch dieses Ergebnis solltest du überprüfen. Nimm Kontakt zum Tier auf und frage, ob es dein Krafttier ist.

das eigene krafttier verstehen

Unsere Klischees von der Schmusekatze und dem beschützenden Wolf stimmen in der Krafttierarbeit nicht. Es geht um tiefere Qualitäten und Fähigkeiten. Doch das zu sehen und anzunehmen will gelernt sein. Das eigene Krafttier muss verstanden werden. Selbstverständlich werden dazu hier nur Impulse gesetzt. Dieses Kapitel enthält Vorschläge für Übungen. Sieh sie nur als Beispiele und mach deine eigenen Experimente. Du wirst Übungen für dich selbst entwickeln, die genau zu dir und deinem Krafttier passen.

Zunächst wird meist das hervorstechende Merkmal des betreffenden Tieres betrachtet. Das kann die Farbe sein oder die Kommunikation. Manchmal ist es die Bewegung oder ein Gefühl, dass sich mit dem Gedanken an das Tier einstellt. Wenn dieser erste Impuls gegeben ist, sollte man sich seinem Krafttier so weit wie möglich nähern. Annäherung hat mit Ertasten, Begreifen zu tun. Dazu können visuelle und auditive, vor allem aber darstellende Techniken genutzt werden. Über all diese Ansätze darf aber nicht vergessen werden, das eigene

Krafttier zu treffen und mit ihm in Kontakt zu treten. Das Krafttier will nicht „ausgedacht" werden. Es ist notwendig, immer wieder Reisen zum Krafttier zu unternehmen, um es zu treffen. Man kann mit seinem Krafttier sprechen und ihm Fragen stellen. Dabei sollte man aber nie vergessen, sich zu erkundigen, was man seinerseits für das Krafttier tun kann – vielleicht hat es auch Wünsche, die man ihm erfüllen kann. Man sollte sein Krafttier wie einen guten Freund behandeln. Es reicht nicht aus, an ihn zu denken oder sich seiner Nähe bewusst zu sein. Freundschaften sind abhängig vom Kontakt zueinander. Die Beziehung zum Krafttier funktioniert genauso. Nur in Gedanken lässt sich keine Verbindung aufbauen. So wird die Arbeit mit dem Krafttier auch eine kreative und meditative, die den Menschen tief in eine Verbindung mit der speziellen Wesensart seines persönlichen Krafttiers eintauchen lässt. Dabei wird sicher jeder auch noch eigene, ganz individuelle Färbungen seines Krafttiers entdecken.

Da Krafttiere keine Platzhalter, sondern jeweils eigenständige Wesen sind, können zwei Tiere derselben Art bei unterschiedlichen Menschen andere Eigenschaften haben. Auch bei den körperlich anwesenden Tieren ist das so. Schließlich halten zwei Katzenliebhaber keine identischen Katzen, und Hund ist nicht gleich Hund.

Dieses Kapitel enthält nicht alle denkbaren Tiere. Aber es gibt einen guten Überblick. Die Tiere sind aufgeteilt in Tiere des Wassers, der Luft und der Erde. Diese Einteilung habe ich vorgenommen, weil das Element, in dem ein Lebewesen sich bewegt, einen wichtigen Aspekt seines Wesens bildet. Die Wassertiere sind in der Regel, genau wie ihr Element, Begleiter für die emotionale Entwicklung des Menschen. Wasser ist der Ursprung des gesamten Lebens und steht in der Spiritualität für Gefühle und Emotionen. Emotionalität ist der

Motor für die Lebendigkeit des Individuums. Amphibien leben sowohl im Wasser als auch an Land. Weil ich sie nicht doppelt aufführen möchte, habe ich sie jeweils einem der beiden Elemente zugeordnet. Die Lufttiere begleiten die spirituelle Entwicklung. Sie sind im Geist zuhause. Durch die Lufttiere kommen wir der Kraft des Universums näher. Fliegen ist ein uralter Traum der Menschheit. Wir werden uns diesen Traum jedoch niemals aus eigener Kraft erfüllen. Deshalb beneiden wir die Lufttiere teilweise um ihre Freiheit und ihre Mobilität. Doch Freiheit für unsere Seele können uns die Lufttiere vermitteln. In scheinbarem Gegensatz dazu stehen die Tiere, die wie wir Menschen an ein Leben auf der Erde gebunden sind. Die Landtiere haben ihre Fähigkeiten eher im Bereich des Irdischen, Körperlichen. Sie helfen bei der Erdung, denn für den Menschen ist der Boden unter den Füßen wichtig. Tiere an Land können Unterstützung und Begleitung beim ganz konkreten, gesunden Leben auf der Erde bieten. Sie können Hilfe in beruflichen Fragen und bei körperlicher Schwäche aufzeigen. Die Feuertiere gibt es nicht in der physischen Welt. Kein Tier lebt im Feuer. Und doch wird einigen Tieren wie dem Löwen, dem Widder und dem Salamander ein starker Bezug zum Feuer nachgesagt. Sie haben ein hitziges Temperament und viel Willensstärke. In vielen alten Überlieferungen kann man sehen, dass es früher als besonders gut angesehen wurde, ein Tier aus jedem Element bei sich zu haben. Das war die Garantie für ein ausgeglichenes und erfolgreiches Leben.

Ich habe auf den folgenden Seiten zu jedem Tier eine Affirmation geschrieben, die du gut nutzen kannst, wenn dir die Zeit fehlt, dich intensiv mit dem Krafttier zu befassen. Diese Affirmation reicht aber nicht aus. Das Krafttier will gelebt werden, damit seine Fähigkeiten von dir erlernt und dann integriert werden können.

Tiere der Luft

Die Tiere der Luft bezaubern uns wegen ihrer Leichtigkeit und der Freiheit, die sie genießen. Sie sind einfach rein räumlich dem Himmel näher. Die Luft ist das Element, das dem Menschen verschlossen ist. Ohne Technik haben wir keinen Zugang zu diesem Bereich. Dennoch sind wir fasziniert vom Fliegen. Da wir uns Gott oder auch die Kraftquelle, bedingt durch die rationale Prägung, oberhalb unserer Welt vorstellen, kommen fliegende Lebewesen diesem Bereich näher, als es uns möglich ist. Lufttiere überwinden die Schwere, die uns Menschen zu eigen ist. Sie erreichen ihre Ziele schneller als wir und haben einen besseren Überblick.

Adler

In mir liegt die Kraft
des Alls und von Allem,
die ich entdecke, wenn ich all-ein bin.

Der Adler taucht bereits in der *Edda* auf und wird als Vogel beschrieben, der im Weltenbaum Yggdrasil nistet. Ihm sind viele Zusammenhänge des Lebens bekannt. So gilt der Adler als ein Tier, das spirituelles Selbstbewusstsein verkörpert. In uns modernen Menschen weckt er das Gefühl von Freiheit und Stärke. Wer den Adler als Krafttier erkennt, ist aufgefordert, sein Selbst zu stärken und das Ego zu überwinden. Der Adler kann dich unterstützen, wenn du den großen Sprung wagen willst, zu Gott, zum Universum, um Eins zu werden. Mit dem Adler kannst du erkennen, dass Alleinsein nicht bedeutet, einsam zu sein, denn im Allein ist die Sicherheit verborgen, zu allem zu gehören. Auf eurem gemeinsamen Weg kannst du dem Adler aber auch etwas Wichtiges geben. Verbinde dich mit dem Ursprung und der Quelle, so ist der Adler auch mit dem Teil Weltenseele verbunden, der in dir wirkt. Der Adler ist kein Krafttier, das unserer Ratio zum Sieg verhilft. Er stärkt die Seele bei ihrer Entfaltung. Die folgende Übung kann deine Verbindung zum Adler vertiefen.

Übung:

Du sitzt bequem, und um dich herum ist Ruhe. Dein Atem geht ruhig. Beobachte ihn. Langsam beginnst du zu visualisieren, dass du auf dem Rücken eines prächtigen Adlers sitzt. Im Rhythmus deiner Atemzüge bewegen sich seine Schwingen, und ihr steigt hoch hinauf, den Wolken entgegen. Du kannst sehen, wie deine eigene, vertraute Welt immer kleiner wird. Du siehst deinen Arbeitsort, deine Lieblingsgeschäfte und dein Zuhause nur noch stecknadelgroß unter dir. Der Adler ist warm, und seine Flügelschläge sind regelmäßig und beruhigend. Immer näher kommt ihr den Wolken und der Sonne. Nichts spielt eine größere Rolle als der Rhythmus, in dem ihr euch der Sonne nähert. Du kannst fühlen, wie die Sonnenstrahlen zuerst deine Haut wärmen und dann immer tiefer in dich einfließen. Diese Wärme und das Licht in dir lassen dich leicht werden. Du fühlst dich wohl. Wenn du genau hinschaust, siehst du auch den Adler durchflutet von Licht. Ihr werdet eine Einheit, durchströmt von Licht und Wärme. Eure Körper spielen keine Rolle mehr. Der Adler und du, ihr seid eine Einheit aus Licht, das durch euch seinen Weg auf die Erde nimmt und sie segnet.

Amsel

*Meine Bescheidenheit lässt mir
universelle Energie
im Überfluss zuströmen.*

Sieh die Amsel als Energieantenne zum Kosmos. Amseln sind genügsam und bescheiden. Ihre Farbe weist darauf hin, dass sie sich schützen können. Schwarz und Weiß gelten in der Spiritualität als Farben, die schädliche Energien abhalten können. So kann die Amsel nicht vom Weg abkommen. Wer sich schon einmal die Zeit genommen hat, eine Amsel zu beobachten, der hat sehen können, dass Amseln sehr fleißig und konzentriert an ihrer Ernährung und an der Pflege ihres Nachwuchses arbeiten. Schier unermüdlich picken sie Futterstück um Futterstück und bringen es ins Nest, wenn sie es nicht selbst essen. Diese Unermüdlichkeit kostet viel Energie. Die Amsel scheint eine unsichtbare Kraftquelle zu haben. Die Kraft des Universums strömt unaufhörlich in sie ein. Die Amsel als Krafttier ist ein Vorbild für ihren Menschen. Sie macht ihn darauf aufmerksam, dass er selbst die Quelle anzapfen kann, wann immer er will.

Übung:

Die Amsel kann dir helfen, wenn du dich kraftlos und ermattet fühlst. Sie wird dir aber keine Kraft geben. Sie zeigt dir nur, wie du selbst dich mit Energie versorgen kannst. Visualisiere die Amsel auf deiner Hand. Nimm Kontakt zu ihr auf und bitte sie, dir den Weg zur Kraft zu zeigen. Du kannst jetzt sehen, wie ein Strahl weißes Licht in den Kopf der Amsel einströmt. Der Strahl kommt direkt aus dem Universum. Die Amsel nimmt dieses Licht in sich auf, und schon bald bekommt sie eine weiße Aura um ihr schwarzes Federkleid herum. Lass nun ebenfalls diesen Lichtstrahl in deinen Oberkopf einfließen. Nimm das Licht so lange auf, bis dein Organismus vollkommen durchflutet ist. Nun erkenne, dass die Amsel und du von der gleichen Kraft genährt werden. Bedanke dich bei der Amsel.

Biene

Die Lebensordnung anzuerkennen
sichert mir mein Überleben.

Die Biene ist für den Menschen ein sehr wichtiges Tier, denn ihr verdanken wir die Fortpflanzung der meisten Pflanzen. Ohne die Bienen ist die gesamte Vegetation stark gefährdet. Aus diesem Grund wird Bienenschutz betrieben. Die Artenvielfalt in der Natur muss erhalten bleiben, weil wir viele Zusammenhänge zwischen Pflanze, Tier und Mensch noch gar nicht sehen können. Die Biene sammelt nicht nur fleißig und beständig Nektar. Das ist eher die Sicht des Menschen. Vielmehr achtet sie darauf, mit dem Honig ihr Volk zu ernähren. Die Bestäubung der Pflanzen ist ein Nebeneffekt. Du kannst von der Biene lernen, für deine eigene Versorgung und deine eigenen Bedürfnisse zu arbeiten. Das allein bringt die Welt ein Stück in Bewegung und verschafft dir Einfluss auf deine Umgebung.

Die Bienen haben noch eine andere natürliche Eigenschaft, die für dein Leben nutzbringend sein kann. Bienen akzeptieren Ordnung und Stellung ohne Bedingungen. In einem Bienenvolk wird die Vormachtstellung der Bienenkönigin nicht in Frage gestellt. Eine sinnvolle Ordnung ist dazu da, Sicherheit und Stabilität zu garantieren. Die Biene kann als Krafttier auch helfen, Demut und Vernunft den Regeln des Überlebens gegenüber walten zu lassen. Was kann die Biene aber von ihrem Menschen wollen? Da das Überleben der Bienen allgemein gefährdet ist, sollte der menschliche Begleiter den Bienen ganz simpel beim Überleben helfen, indem er aktiv, auch durch wirtschaftliche Opfer (Spenden), Bienenzucht unterstützt. Eigentlich sollte es keine Frage sein, ob man einen Beitrag dafür leistet, Bienen zu schützen.

Bläuling

Ganz leicht kann ich zur Heilung finden, wenn ich mich nur hingebe.

Schmetterlinge sind allgemein die Botschafter der Transformation, allerdings mit einer klaren Richtung, nämlich zur Leichtigkeit. Es geht bei Schmetterlingen immer um eine Transformation im Rahmen der natürlichen Gesetze. Hingabe ist die Fähigkeit, die Schmetterlinge vermitteln können, sich tragen lassen von der Schöpfung und ihren natürlichen Prozessen. Der Bläuling spricht die Möglichkeit an, sich seiner eigenen Heilung hinzugeben. Hier können die Selbstheilungskräfte wirken, wenn sie zugelassen werden. Da Blau die Farbe des Halschakras ist, findet sich im Bläuling auch eine Aufforderung, die Wahrheit auszusprechen, die sonst vielleicht eine Blockade darstellt. Blockaden auf seelischer Ebene können auch Ursachen für körperliche Erkrankungen sein. Lass die Heilung zu, die sich durch einen klaren und ehrlichen Ausdruck deiner Gefühle und Bedürfnisse einstellen will.

Buchfink

In geordneten Rahmenbedingungen werde ich mich frei entfalten.

In der Welt der Krafttiere steht der Buchfink für Ordnung und Liebe zum Detail. Der Buchfink räumt auf. Als Krafttier kann er dir helfen, Ordnung vor allem in die äußeren Angelegenheiten deines Lebens zu bringen.

Buntspecht

Ich bin dankbar für den Rhythmus, in dem meine lebendigen Prozesse ablaufen.

Der Buntspecht lässt uns sofort an ein regelmäßiges Klopfen denken. Er erinnert uns daran, dass unser körperliches Überleben an einen Takt gebunden ist. Mit dem Buntspecht an der Seite kann der Körper wieder in seine natürliche Harmonie versetzt werden. Jetzt ist es an der Zeit, sich mit der inneren Uhr und dem allgemeinen gesunden Lebensrhythmus zu befassen. Bringe dich wieder in den Takt, wenn der Buntspecht dein Krafttier ist. Übrigens solltest du den Buntspecht auch dann als dein Krafttier erkennen, wenn du ihn auf deiner Reise nur hörst und nicht sofort sehen kannst.

Bussard

*Ich kann mich gut
auf ein Ziel konzentrieren und
erreiche es in Windeseile.*

Wenn der Bussard dich als Krafttier aufsucht, dann darfst du lernen, den Überblick zu behalten und dich zu fokussieren. Der Bussard ist ruhig und gelassen, nicht hektisch und unsicher. Er beobachtet. Wenn er sein Ziel sieht, erkennt er es und schnellt sofort darauf zu. Das ist seine herausragende Fähigkeit. Wenn der Bussard dein Krafttier ist, dann finde heraus, was dein Ziel ist. Erst dann kannst du lernen, es anzupeilen und bei der ersten Gelegenheit zuzuschnappen.

Eisvogel

*Was aus mir heraus entsteht,
ist mir heilig.*

Der Eisvogel bedeutet im Krafttierreich Familiensinn. Wie er zu diesem Ruf kommt, ist nicht geklärt. Sicher ist nur, dass er in der Lage ist, seine Brut sehr gut zu schützen. Der Eisvogel wird den wenigsten Menschen als Krafttier erscheinen. Ist es aber doch so weit, dann mahnt er uns, unsere eigenen Kreationen zu schätzen und ihren Wert zu sehen. Unsere Brut sind nämlich nicht nur unsere Nachkommen, sondern auch die Dinge, die wir auf den Weg bringen.

Elster

Ich gönne mir,
was mein Herz erfreut.

Die diebische Elster kennen wir aus Überlieferungen. Was glänzt und glitzert, ist vor der Elster nicht sicher. Doch offenbart sie damit nicht auch eine positive Fähigkeit? Elstern können nicht einkaufen, aber sie wissen ganz genau, was ihnen gefällt, und nehmen es sich. Falsche Bescheidenheit ist der Elster fremd. Nehmen wir die Elster als Vorbild dafür, sich zu gönnen, was man haben will. Selbstverständlich halten wir Menschen uns damit aber an die Umgangsregeln. Wir dürfen das Bezahlen nicht vergessen.

Eule

Die Weisheit des Kosmos
wohnt tief in mir.

Die Eule war schon in der Antike bekannt. Sie war Begleiterin der Athene, die die Geschicke Athens lenkte. Damit ist klar, dass die Eule eine Wegbereiterin des Erfolgs ist. Als Krafttier hilft sie dabei, die innere Weisheit zu erkennen und nicht mit Wissen zu verwechseln. Sie kann einem Menschen zur Seite stehen, wenn er lernen will, zu seinen eigenen weisen Erkenntnissen zu stehen und diese auch gegen die rationalen Argumente in der Umgebung zu verteidigen.

Falke

Ich bin zur rechten Zeit am rechten Ort.

Der Falke ist ein Raubvogel und galt früher als Vogel für eine adlige Frau. Der Umgang mit Raubvögeln war eine beliebte Freizeitbeschäftigung bei Hofe. Während sich die Männer des Ritterstandes eher mit Adlern befassten, wurden den zarten Ritterfrauen Falken anvertraut oder sogar als wertvolles Geschenk gemacht. Den weißen Hexen zeigt der Falke, dass sie sich zur rechten Zeit am rechten Ort befinden. Wenn ein Falke auftaucht, dann lerne zuzugreifen! Die Aufgabe, die der Falke dir stellt, lautet: Beende dein Zweifeln und dein Grübeln.

Fledermaus

Ich sende nur die Signale aus,
die ich auch zurückbekommen will.

Die Fledermaus gehört auch zu den Hexentieren und kommt in Legenden als Verkörperung des Bösen vor. Sie wird dort oft als Vampir gesehen. Leider ist das eine vollkommen falsche und ungerechte Sicht auf dieses wundervolle Lebewesen. Die Fledermaus ist nicht widernatürlich, sie ist das einzige Säugetier, das Schwingen ausgebildet hat, um sich andere Lebensbereiche für die Nahrungssuche zu erschließen als den Boden. Als dein Krafttier weist dich die Fledermaus auf das Resonanzgesetz hin. Es besagt, dass die Reaktionen, die du in deiner Umwelt erfährst, auf deine eigenen Aktionen, deine Ausstrahlungen zurückgehen. Auf diese Art orientiert sich die Fledermaus. Sie sendet Ultraschallsignale ab. Diese werden von anderen Lebewesen oder Gegenständen reflektiert, so dass die Fledermaus ihren Flug und auch ihre Beute bestimmen kann. Sie orientiert sich also quasi auf einem Umweg an ihren eigenen Tönen. Das kannst du von der Fledermaus lernen. Begreife, dass alles, was du erfährst, vorher von dir ausgegangen ist. Wenn dir die Reaktionen des Lebens und deiner Umgebung nicht gefallen, dann solltest du vielleicht überdenken, was du ausgesandt hast. Die Fledermaus orientiert sich in der Dunkelheit. In Phasen der Unsicherheit ist es wichtig, das Resonanzgesetz zu kennen, um Klarheit darüber zu erhalten, was deine derzeitige Lebenssituation dir sagen und spiegeln will.

Fliege

Wenn ich den Augenblick meistere, meistere ich mein ganzes Leben.

Es gibt viele Fliegenarten. Uns ist die sogenannte Eintagsfliege bekannt. Fliegen haben eine sehr kurze Lebensdauer, mehr als eine gesicherte Fortpflanzung ist meist nicht möglich. Das ist ein guter Hinweis darauf, dass es in jedem kleinen Augenblick darauf ankommt, für das reine Leben zu sorgen. Unsere menschlichen Gedanken über Vergangenheit und Zukunft sind in der Natur gar nicht vorgesehen. Auch uns Menschen bringen sie keinen Gewinn. Erinnern an Vergangenes und Träumen von der Zukunft halten uns vom Leben ab, und das findet immer JETZT statt.

Geier

Ich gebe mich dem Werden – Wachsen – Vergehen als Lebensgesetz hin.

Es bedarf nicht viel, sich vor einem Geier zu fürchten. Er hat einen schlechten Ruf als ein Tier, das sich mit Aas abgibt und auf den Tod anderer Lebewesen lauert. Doch auch diese dunkle Seite hat ihre Berechtigung im Leben. Werden – Wachsen – Vergehen: Das ist das Lebensgesetz. Finde dich damit ab, dass du nicht alle retten kannst und dass du auch Vorteile aus dem Scheitern anderer ziehen darfst. Der Geier wird dir helfen, falsche Skrupel loszuwerden.

Greifvogel

Das Universum wird mir helfen, meinen Geist für universelle Energien zu öffnen.

Wenn du einen Greifvogel als Krafttier findest, ohne genau zu wissen, um welche Art es sich handelt, dann solltest du zumindest wissen, dass alle Greifvögel ganz allgemein für Kraft auf der geistigen und der spirituellen Ebene stehen. Sie sind normalerweise Mutmacher, wenn es darum geht, Wachstum im Geiste zu erlangen.

Grünspecht

Ich bin auf ewig verbunden
mit der Quelle.

In der spirituellen Literatur
taucht der Grünspecht als ein
Tier auf, dass universelle Heilung
symbolisiert. Er hilft, die Verbundenheit mit allem Leben zu fühlen. Der Grünspecht kann dir
auch in Situationen der Einsamkeit zur Seite stehen.

Kohlweißling

In der Lebensfreude offenbart sich mir
eine neue Erkenntnis wie von selbst.

Die Erkenntnis, zu der der Kohlweißling dir zur Seite tritt,
ist eine Einsicht, für die du dich nicht quälen musst. Ganz
leicht darfst du, während du das Leben feierst, darauf warten,
dass du inspiriert wirst.

Krähe, siehe Rabe

Kuckuck

*Ich lege mein Leben und mein Wirken
in die Hand der Schöpfung.*

Der Kuckuck überlebt, weil er keine
Kontrolle ausüben will. Er legt seine Eier in fremde
Nester und überlässt das Brüten und die Aufzucht ande-
ren. Das ist ein unbegrenztes Vertrauen in die Schöpfung.

Lerche

*All mein Handeln sei bestimmt
von Dankbarkeit für die Schöpfung.*

Die Lerche zeigt dir, wie wich-
tig dein Lob der Schöpfung ist.
Sie feiert das Leben mit ihrem
Gesang. Uns Menschen ist das fremd.
Wir sind viel zu sehr damit beschäftigt,
Missstände anzuprangern. Wir feiern den Mangel, denn
davon leben wir. Wer sich regelmäßig mit Menschen umgibt,
kann mehr Klagelieder hören, als seine Ohren fassen können.
Die Lerche als Krafttier hilft, die Blickrichtung zu ändern. Es
gibt nämlich passend zu jeder Schattenseite auch eine Son-
nenseite. Die müssen wir finden und uns an ihr erfreuen. Die
Schattenseite sollten wir beleuchten, statt sie zu bejammern.

Leuchtkäfer, Glühwürmchen

Ich habe die Fähigkeit,
Licht in dunkle Angelegenheiten zu bringen.

Dieses Krafttier zeigt dir, dass du dich trauen darfst, Licht in dunkle Angelegenheiten zu bringen. Wage es, gegen das Dunkle und die Verschleierung vorzugehen. Vielleicht schätzen die Menschen dich nicht dafür, doch deine Aufgabe steht im Dienst des Universums.

Libelle

Meine Umsicht hilft mir,
einen besonderen Weg zu finden.

Beweglichkeit und Rundumsicht sind die Merkmale der Libelle. Sie ist kein Gruppentier. Sie findet ihren Weg allein und kann die besten Futterplätze ohne Konkurrenz entdecken. Außerdem schillert sie in allen Farben des Lichts. Das ist fast ein Beweis dafür, dass sie der Schöpfung wohlgefällig ist.

Die Libelle darf getrost als Vorbild gesehen werden. Wer sie zum Krafttier hat, darf ihre Eigenschaften in sich entdecken. Gerade die Umsicht und die Fähigkeit, den eigenen Weg allein zu finden, sind wichtige Fähigkeiten. Ihr Schillern kann man ebenfalls genauer betrachten. Ihr Glanz liegt in ihrer eigenen Schönheit, nicht in der Anerkennung durch andere.

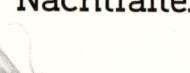

Nachtfalter

Auch meine dunklen Seiten gehören zu mir
und tragen dazu bei,
dass ich eine Ganzheit bin.

In der spirituellen Literatur spricht man beim Nachtfalter von einer Warnung vor energetischer Beeinträchtigung. Ich sehe ihn anders. Ich denke, er kann vermitteln, dass sich niemand von seinen eigenen Schattenseiten und dunklen Stellen beschweren lassen muss. Er ermutigt, sich ganz anzunehmen und trotzdem Leichtigkeit im Leben zu erfahren.

Rabe, siehe Hexentiere

Rotkehlchen

Ich lasse los, was ich nicht halten kann
und auch, was nicht gut für mich ist.

Das Rotkehlchen steht dir in Trauer und bei Verlust zur Seite. Seine Qualitäten auf der spirituellen Ebene sind das Loslassen und der Abschied. Befasse dich mit dem Rotkehlchen in Trauersituationen, auch wenn es nicht dein aktuelles Krafttier ist.

Schmetterling

Ich liebe das Leben in seiner Leichtigkeit.

Unsere Entwicklung ist in uns angelegt.
Wir müssen uns nicht mühevoll transformieren und
uns künstlich entwickeln. Der Schmetterling beweist,
dass Transformation ganz leicht geht. Für unser Wachstum
und unsere Entwicklung gilt ein Rat von Nelson Mandela:
„Alles was Zwang ist, lass sein."

Schwalbe

*Ich bin in jedem Augenblick
meines Lebens wach.*

Die Botschaft der Schwalbe lautet:
Öffne dich für die universelle Kraft der
Liebe und des Augenblicks. Schwalben
sind uns als Vögel bekannt, die ihre Nester
liebevoll bauen und pflegen. Außerdem gibt es
Arten, die zweimal pro Jahr brüten. Und Schwalben gehören zu den Tieren, die den Jahreszeiten-
wechsel ankündigen. In ländlichen Regionen erkennt man an
ihrem Wegzug den nahenden Winter. Schwalben versorgen
ihre Brut voller Inbrunst und vergessen dabei nicht, auf ihre
Umgebung haargenau zu achten. Das ist die Lektion, die der
Mensch von der Schwalbe lernen kann. Zur Pflege gehören
auch Umsicht und Vorausschau.

Schwan

Lichtvolle Klarheit umgibt mich
immer und überall.

„Wenn ein Schwan singt, schweigen die Tiere ...", heißt es in einem Song der ehemaligen Band Karat. Schwäne stehen für Anmut und Reinheit, sie sind der Inbegriff der Ästhetik. Wer einen Schwan als Krafttier an der Seite hat, ist aufgefordert, seine eigene Ästhetik und seine eigene Helligkeit zu finden.

Steinkauz, siehe Eule

Stockente

Ich kenne meine Grenzen
und bin bereit, die Grenzen anderer
zu wahren.

Die Stockenten in einem Teich zu beobachten lässt uns erkennen, was sozialer Umgang ist. Hier leben meist viele Tiere friedlich miteinander, ohne sich gegenseitig in ihren Grenzen zu stören. Sie sind ruhig und gelassen. Stockenten strahlen Vertrauen aus. Sie sind nicht auf der Hut, und selten gibt es Konflikte. Die Stockente kann dabei helfen, sich auch in Gesellschaft gelassen zu fühlen.

Storch

Ich bin mir die Treue zu mir selbst schuldig.

Der Storch glänzt durch Prinzipien und Ordnung. Er ist treu, loyal und erledigt seine Aufgaben gewissenhaft. Vor allem aber stellt er seine eigenen Bedürfnisse hinter den Erhalt seiner Art. Er gibt seinen Launen nicht nach und schlägt keine Kapriolen. Dieses Krafttier mahnt Selbstdisziplin an. Es geht darum, das Notwendige mit Freude zu tun und sich nicht spontanen Impulsen hinzugeben. Außerdem hilft der Storch, in schwierigen Situationen seiner eigenen Linie treu zu bleiben, auch wenn es keinen Spaß macht.

Tagpfauenauge

Wenn ich mich anschaue,
kann ich das Gute in mir sehen.

Das Tagpfauenauge dient als Seelenspiegel, wenn es die Rolle des Krafttiers einnimmt. Hier wirst du aufgefordert, deine positiven Seiten und deine Stärken zu sehen. Das ist gar nicht immer leicht. Viele Menschen sind eher daran gewöhnt, zu ihren Schwächen zu stehen als zu ihren Stärken, Talenten und Fähigkeiten. Viele fühlen sich minderwertig, statt sich selbst Wertschätzung entgegenzubringen. Das Tagpfauenauge fordert uns auf, uns unter den Augen der Sonne liebevoll und voller Wohlwollen zu betrachten.

Taube

Ich freue mich, wenn ich Botschaften
aus dem Universum erhalte
und überbringen kann.

Die Taube als Krafttier fordert deinen Mut. Sie ist ein Bote wie die Engel. Die Taube übermittelt Wahrheiten aus dem Universum. Besonders für Botschaften der Versöhnung ist sie empfänglich. Als dein Krafttier fordert sie dich auf, Harmonie zwischen Mensch und Kosmos zu schaffen.

Uhu

Mein inneres Wissen ist nützlich für mich,
und ich werde immer genau das wissen,
was ich für den Augenblick brauche.

Der Uhu ist sehr eng mit der Eule verwandt. Auch er deutet auf Weisheit hin und auf die Gelassenheit, die sich ergibt, wenn man sich seiner Weisheit gewiss sein kann.

Vogel (allgemein)

Der Vogel wird immer als Mittler zwischen der geistigen Welt und der Materie gesehen.

Waldkauz, siehe Eule

Zitronenfalter

*Meine Persönlichkeit will sich entfalten
und mit Leichtigkeit angenommen werden.*

Früher waren Zitronenfalter tägliche Begleiter, sobald es warm wurde. Inzwischen sind sie seltene Gäste im Garten. Wie alle Schmetterlinge kündigt auch der Zitronenfalter eine Veränderung an. Sie sollte aus der eigenen Mitte kommen und zu guter und stabiler Selbstbehauptung führen.

Tiere des Wassers

Die Tiere, die im Wasser leben, haben viele Qualitäten, die mit der Gefühlsebene in Verbindung stehen. Daher können sie als Krafttiere gute und wertvolle Begleiter sein, wenn wir emotional reifen und uns unserer Gefühle bewusst oder klar werden wollen. Auch als Helfer in Situationen, in denen es darum geht, die eigenen Gefühle wahrzunehmen und die eigenen Bedürfnisse zu befriedigen, sind diese Tiere die erste Wahl. Sie können uns dabei unterstützen, uns emotional frei und sicher zu fühlen. Gefühle sind unser Antrieb für alle Lebensentscheidungen. Das bedeutet nicht, dass wir blindlings unseren Trieben nachgehen sollen. Wir haben das natürliche Recht darauf, uns geliebt, angenommen und am rechten Platz im Leben zu fühlen. Dann fühlen wir uns gut. Es geht weniger um den kurzfristigen Spaß als vielmehr um eine tiefe Lebensfreude, die uns trägt und Eigenliebe ermöglicht. Schon die Vorstellung, wie ein Fisch im Wasser zu tanzen oder uns wie eine Wasserpflanze geschmeidig der Strömung hinzugeben, löst Wohlbefinden in uns aus. Die Gefühlsqualitäten sind dazu da, mit uns selbst und der Umgebung im Einklang zu sein. Die unten stehende Visualisierung kann uns das Wasser als Element näherbringen. Außerdem kann jeder, der sich mit dem Gefühl näher befassen möchte, dies über den Kontakt zum Wasser erreichen. Ein Zimmerbrunnen lässt das Wasser präsent sein. Schwimmen und spazieren gehen in einem kleinen Bach sind Tätigkeiten, die uns dem Wasser näherbringen. Wassertreten oder zur Not eine Schale mit Schwimmkerzen auf dem Tisch erinnern uns ebenfalls daran, dass alles fließt, dass das Leben ein Fluss ist. So sind auch unsere Gefühle im Fluss und tragen uns durch unser Leben, wenn wir lernen, nach ihnen zu handeln.

Biber

*Ich bleibe mir meiner Gefühle bewusst
und lasse mich von ihnen lenken.*

Der Biber wird mit Wasser in
Verbindung gebracht, weil er durch
seine Dämme das Wasser lenkt. Er baut
seine Staudämme voller Fleiß und schafft so die Ordnung, die er zum sicheren Leben braucht. Diese Ordnung im
Gefühlsleben brauchen wir Menschen auch. Wenn wir immer
zwischen zwei oder mehr Gefühlen hin- und herschwanken,
kommen wir nicht in unserer Entwicklung voran. Unsere Gefühle sind nicht bloße Willkür. Sie lassen sich in begrenztem,
aber ausreichendem Maße auch steuern oder festhalten. Es
gibt Gefühlsschwankungen, die uns ganz bewusst stören. In
solchen Situationen fühlen wir uns nicht als Herr oder Herrin
unseres eigenen Lebens. Der Begriff dafür ist „unausgegli-
chen" oder auch „labil". Fehlende Stabilität macht zielgerich-
tetes Handeln unmöglich. Der Biber als Krafttier kann uns
Vorbild sein. Welche Gefühle will ich nicht zulassen? Nehmen
wir ein Beispiel zu Hilfe: Eine Frau ist sehr verliebt in ihren
Mann. Dieser ist spielsüchtig, er verspielt sein eigenes Geld
und liegt ihr auf der Tasche. Die junge Frau sieht ihre persönlichen Lebensziele schwinden, weil sie nicht zusätzlich zu ihrer
Liebe finanzierbar sind. So steht sie zwischen zwei Gefühlen.
Da ist auf der einen Seite die Liebe zum Partner und auf der
anderen Seite die Eigenliebe. Sie kann nur ein Gefühl ausle-
ben. Wenn sie Eigenliebe wählt, sollte sie dafür sorgen, dass
die Liebe zum Partner nicht ständig durch Kontakt, Fotos,
Erinnerungen etc. wachgerufen wird. Da Gefühle durch
Wahrnehmung entstehen, kann die Frau darauf achten, den

Partner nicht mehr wahrzunehmen, und ihr Bewusstsein auf die Liebe zu sich selbst richten. Der Biber in ihr baut einen Damm vor die Liebe zum kranken und damit schädigenden Partner.

Delfin

*Ich erfülle meine Aufgabe
in der Gemeinschaft.*

Der Familiensinn der Delfine löst in vielen Menschen Bewunderung aus. Delfine sind wilde Tiere, die ihr Überleben in Gruppen sichern. Das ist ein Zeichen ihrer Intelligenz. Nur wer in der Gemeinschaft seine Aufgabe erfüllt, kann auch den Schutz und die Geborgenheit der Gruppe genießen. Der Delfin mahnt zur Stärkung der eigenen Teamfähigkeit.

Fisch

*Meinen Gefühlen bin ich gewachsen,
und ich fühle mich mit ihnen wohl.*

Der Fisch steht ganz allgemein für das eigene, tiefe Unbewusste, den Ort, an dem die Gefühle wirken. Dieses Unbewusste bestimmte fast zwei Drittel unserer täglichen Handlungen und Entscheidungen. Es ist uns also vieles nicht bekannt, was uns motiviert, bestimmte Handlungen zu vollziehen. Oft merken wir das bei Fehlern, doch auch bei positiven Handlungen wissen wir manchmal nicht, woher sie kamen. So kann das Krafttier, wenn es ein Fisch ist, uns die Gewissheit geben, dass es eine verborgene, tiefe Welt in uns gibt, die wir erforschen können, wenn wir wollen. Vom Fisch können wir auch lernen, dass diese Welt nicht gefährlich ist, denn Fische leben recht zufrieden in diesem Element. Wenn das Krafttier ein Fisch ist, kann er uns begleiten, wenn wir eine Reise in unsere eigene Tiefe unternehmen möchten. Und was können wir tun, damit der Fisch etwas vom gemeinsamen Weg hat? Wenn der Fisch keine eigenen konkreten Bedürfnisse äußert, können wir darauf achten, keinen Fisch zu essen, oder zumindest darauf, dass unsere Ernährung nicht zur Zerstörung der Lebensräume der Fische führt.

Fischotter

*Wenn ich Altes loslasse,
kann Neues mir zufließen.*

Der Fischotter wirkt verspielt und leicht, wenn wir ihn in der freien Natur beobachten. Er lädt dazu ein, keine Angst vor dem Fluss des Lebens zu haben. Wir lernen, nichts festhalten zu wollen, und daraus ergibt sich Leichtigkeit und Freiheit.

Frosch

*Ich gebe alles
und will das Beste dafür haben.*

Der Frosch beginnt sein Leben im Wasser, er ist aber auch in der Lage, an Land zu leben. Das teilt er mit dem Menschen, der seine ersten Entwicklungsphasen im Fruchtwasser abschließt, bevor er als zukünftiger Landbewohner auf diese Welt kommt. Der Frosch ist ein ganz wundersames Tier. Er hat zwei besondere Stärken: Er ist extrem fruchtbar und sehr entwicklungsfähig. Deshalb kann er als Krafttier sowohl eine spirituelle Wandlung als auch eine Entwicklung von Armut und Not zu Wohlstand und Reichtum unterstützen. Wer den Frosch als Krafttier hat, soll lernen, zu seinem Bedürfnis nach Wachstum zu stehen, statt sich selbst immer klein zu halten.

Hecht

*Trau dich, zu zeigen,
welche Macht in dir steckt!*

Der Hecht zeigt sich als ein Krafttier, das dir dabei helfen kann, deine eigene Macht zu akzeptieren. Oft halten wir unsere Macht zurück, weil wir Angst haben, dominant oder herrisch zu wirken. Doch Macht kommt von „machen". Wer viel gemacht hat, weiß und kann viel. Daraus resultiert die Macht, die ein Mensch besitzt. Wer sich Macht erarbeitet hat, sollte sie auch nutzen. Das kann zum Wohle aller geschehen. Seine Macht zu unterdrücken bedeutet, der Umgebung auch Kompetenzen vorzuenthalten.

Lachs

Meine Intuition
ist für jede Lebenslage gerüstet.

Der Lachs ist wegen seiner Farbe das Krafttier für tiefe In-tuition. In vielen asiatischen Kulturen ist Lachsrosa oder -rot die Farbe des dritten Auges oder Stirnchakras. Daher wurde der Lachs mit Intuition in Verbindung gebracht. Es ist eher sel-ten, dass der Lachs als Krafttier wirklich auftaucht. Geschieht es, kann er seinem Menschen helfen, seine Intuition stärker zu beachten.

Tiere an Land

Tiere, die an Land leben wie der Mensch, haben eine spezielle Bodenhaftung, die im Wasser und in der Luft nicht gegeben ist. Man kann sagen, Lufttiere entsprechen dem Geist, Wassertiere der Seele und die Tiere an Land eher dem physischen Körper eines Menschen. Auf die Landtiere wirkt die Anziehung der Erde ohne Milderung. Die Bewegung ist hier am schwersten und Landtiere haben einen hohen Energieverbrauch. Sie sind nah an Mutter Erde und befassen sich intensiv, fast ausschließlich damit, physische Bedürfnisse zu befriedigen. In unseren Sehnsüchten spielen sie viel weniger eine Rolle als die Lufttiere und die Wassertiere. Wenn wir in der Esoterikszene Tiere sehen, denen eine mystische Dimension angedichtet wird, dann können sie meist schwimmen oder fliegen. Auch die Fabeltiere haben mehrheitlich diese Fähigkeiten. Landtiere sind wie wir selbst, der Reiz hält sich in Grenzen.

Ameise

Ich kann alles, was ich wirklich will.

Die Ameise ist kein begehrtes Krafttier.
Sie hat auf den ersten Blick keine bewundernswerten Eigenschaften. Und doch hat sie einen festen Platz im Lauf der Natur. Wir halten die Ameise für fleißig und emsig. Wir wissen aus dem Biologieunterricht, dass sie mehr tragen kann, als sie selbst wiegt. Das liegt daran, dass sie ihre Last trägt, ohne ihr Gewicht zu kennen. Sie kann also frei entscheiden, was sie zu

tragen in der Lage ist. Ausreden und rationale Berechnungen sind der Ameise fremd. So ist sie ein Krafttier, das dich dabei unterstützen kann, dich deinen Aufgaben zu stellen. Kein Mensch bekommt mehr, als er tragen kann. Eine Aufgabe, die du deiner Meinung nach nicht lösen kannst, ist entweder nicht deine Aufgabe, oder du traust dir fälschlicherweise zu wenig zu. Erst wenn wir die Steine wegräumen, die auf dem Weg liegen, können wir unseren eigenen Weg gehen. Sie sind nicht zu groß und zu schwer, denn sie liegen ja nicht zufällig dort. Sie sind nicht für andere bestimmt, und andere könnten sie auch nicht besser bewegen. Es sind unsere Steine. Und diese großen Steine sind Material dafür, etwas zu bauen. Wer also große Steine aus dem Weg räumen muss, der wird mit einem großen Bauwerk belohnt werden. Wenn wir uns zu schwach fühlen, sind wir entweder gar nicht auf dem richtigen, unserem Lebensweg, oder wir schätzen unsere Kraft falsch ein.

Übung:

Stell dir einmal vor, du bewegst dich in der Größe einer Ameise auf dem Waldboden. Alles ist größer als du. Betrachte ein welkes Ahornblatt. Du brauchst eine Weile, bis du es vollständig umrundet hast. Jedes Stöckchen oder gar ein Ast stellt ein riesiges Hindernis dar. Doch das ist deine Lebenswelt, du kennst es nicht anders. Du freust dich an dem, was du siehst. Es ist keine Frage für dich, dass alle Hindernisse und alle Gegenstände, die du tragen willst, schwer und groß sind. Doch diese Wertung ist dir fremd, es ist, wie es ist. Nichts ist schwer, nichts ist groß. Du hast gute Laune, während du durch deine Welt spazierst. Wenn du einen

Ast überklettern willst, dann tu es. Wenn du das Ahornblatt wegtragen willst, dann kannst du es. Du bist du und die Umgebung ist die Umgebung. Es gibt keine Wertungen und keine Einschätzungen. Lebe dich in Gedanken als Ameise aus und lerne dabei, keine Angst vor dem zu haben, was in deinen Menschenaugen groß wäre.

Bär

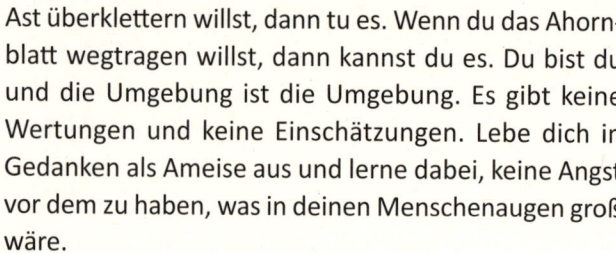

Ich bin meinem Leben
in totaler Unabhängigkeit gewachsen.

Ein Bär ist ein Krafttier, das viele Menschen sich wünschen. Er vermittelt auf den ersten Blick Ruhe und Wärme. Doch das Wesen des Bären ist ein anderes. Bären sind keine Teddys. Sie sind autonom und zählen zu den gefährlichsten Raubtieren der Welt. Bären können schwimmen, klettern und aufrecht gehen. Sie sind schnell und sehr geschickt. Der Bär als Krafttier zeigt dir deine Potentiale. Lerne, dich in allen Elementen zurechtzufinden, und gehe mit einem starken Erfolgswillen an deine Aufgaben heran. Lass dich nicht von Abhängigkeiten irreleiten.

Dachs

*Ich stehe zu meiner Weisheit und kann
wertvolle Traditionen verteidigen.*

Aus Fabeln und Märchen ist uns
der Dachs als Griesgram bekannt. Manch-
mal wird er klug, mit Brille und Buch, gezeichnet. Auch
als Lehrer ist der Dachs gut vorstellbar. Das weist darauf hin,
dass der Dachs Traditionen bewahrt und eine sehr ernsthafte,
weise Natur hat. Wer den Dachs als Krafttier bekommt, kann
ihm gerecht werden, indem er sich mit Werten und Überlieferungen befasst, die unsere Vorfahren hinterlassen haben.
Hiermit sind aber nicht die kurzfristigen individuellen Famili-
engewohnheiten gemeint. Es geht um die Beschäftigung mit
dem kollektiven Menschheitswissen. Es kann auch sein, das
der Dachs dich auffordert, Werte an die jüngere Generation
weiterzugeben.

Eichhörnchen

Leben ist Bewegung und ich genieße es.

Wann immer wir ein Eichhörnchen
sehen, wirkt es aktiv und fröhlich. Das Eichhörnchen steht in dem Ruf, grandiose Vorsorge
zu betreiben. Doch dabei behält es sein unbe-
kümmertes Wesen. Anders als der Mensch, der beim Arbeiten
stöhnen und jammern muss, erfreut sich das Eichhörnchen
an seiner Arbeit. Und dabei ist es auch noch wunderschön,
wenn sein rotbraunes Fell in der Sonne glänzt. Seine Sprünge
wirken elegant und mutig. Es ist ein schönes Geschöpf, dass

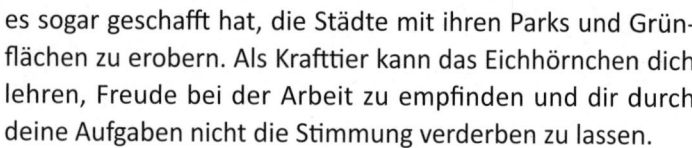

es sogar geschafft hat, die Städte mit ihren Parks und Grün-flächen zu erobern. Als Krafttier kann das Eichhörnchen dich lehren, Freude bei der Arbeit zu empfinden und dir durch deine Aufgaben nicht die Stimmung verderben zu lassen.

Eidechse

In jedem Ende einer Lebensphase liegt eine neue Stufe der Reife für mich.

Die Eidechse ist wahrscheinlich das Vor-bild für Drachen und Lindwürmer. Sie kün-digt ganz eindeutig eine Transformation an, den Eintritt in eine neue Lebensphase. Ein Sonderfall ist hier der Salamander. Seine Beschreibung findet sich ebenfalls in diesem Kapitel. Wenn eine Transformation ansteht, dann gilt es zuerst, alte Glaubenssätze aufzuge-ben. Glaubenssätze führen uns durch unser Leben. In neue Lebensphasen können wir jedoch nur eintreten, wenn wir die Überzeugun-gen aus der Vergangenheit hinter uns lassen.

Einen weiteren Sonderfall stellt die Bartagame dar. Sie vollzieht ihre Transformation abhängig vom Licht. Sie kann ihre weiblichen oder ihre männlichen Anteile favorisieren, je nach Lichtaufkommen. Das ist eine Fähigkeit, die auch dem Menschen gut steht. Wir alle brauchen beide Anteile in uns, obwohl wir meistens körperlich festgelegt sind. Doch je nach Situation die weibliche oder die männliche Seite nutzen zu können, gibt uns die Möglichkeit, jeweils angemessen zu agieren.

Esel

Ich weiß genau,
woran ich mich orientieren will.

Der Esel hat allgemein keinen guten
Ruf. Das Pferd wird ihm vorgezogen
und ihm gegenüber ist der Esel das un-
terlegene Tier. Das war nicht immer so. Im Altertum galten
Menschen, die einen Esel besaßen, als reich. Wir dürfen Tiere
nicht nur mit den Augen des modernen Menschen sehen,
auch ihre Stellung in der Gesellschaft hat sich im Laufe der
Jahrhunderte verändert. Zudem ist der Esel dem stolzen Ross
in einigen Tugenden überlegen. So gilt er teilweise als un-
bezähmbar, schwer belehrbar und dickköpfig. Der Esel will
dein Krafttier sein, wenn du lernen darfst, deine Meinung
beharrlich zu vertreten, statt an fremder Menschen Zügel zu
gehen. Sicher sind Sturheit und Starrsinn Eigenschaften, die
nicht rühmlich sind. Doch wer zu weich in seinen Kompromis-
sen ist und sich zu schnell vom eigenen Weg abbringen lässt,
der braucht eine Zeit mit dem Esel. Er lehrt dich, dir selbst
treu zu sein. Ein Esel hat auch die verblüffende Fähigkeit,
immer wieder seinen Weg nach Hause zu finden, ganz gleich,
wohin man ihn lenken will.

Feldhamster

*Die kleinen Dinge des Alltags
erledige ich mit Freude.*

Klein, bescheiden und fleißig leben zahlreiche Feldhamster mitten unter uns, ohne dass sie unbedingt bemerkt werden. Der Feldhamster steht für die alte Volksweisheit: „Schuster, bleib bei deinen Leisten." Er ist ein Sammler, der darauf achtet, sein eigenes Leben zu erhalten. Abenteuer und Spannung sind ihm fremd. Wenn der Hamster dein Krafttier ist, dann lerne, was das Wesentliche für deine Existenz ist. Verzichte einmal für eine Zeit lang auf „fun and action". Teste dich einmal als einen ganz biederen Zeitgenossen aus, der seine Zufriedenheit darin findet, gemütlich zu schlafen und satt zu sein. Koche Marmelade ein und lege andere Vorräte an. Deine Seele wird sich dabei entspannen.

Fuchs

*Meine Schlauheit ist eine Kompetenz,
die ich einsetzen darf.*

Schlau wie ein Fuchs ... Mit Schläue und Gewitztheit verbinden wir den Fuchs. Dabei ist es selten ein Kompliment, wenn ein Mensch als Fuchs bezeichnet wird. Schlau sein ist genau wie schön sein eher durch falsche Bescheidenheit blockiert. Dabei sind das Eigenschaften, die uns unsere Ziele erreichen lassen. Es ist voll-kommen legitim, seine Stärken einzusetzen. Der Fuchs als Krafttier ermutigt dich, weniger Rücksicht auf kleine Geister zu nehmen.

Gans

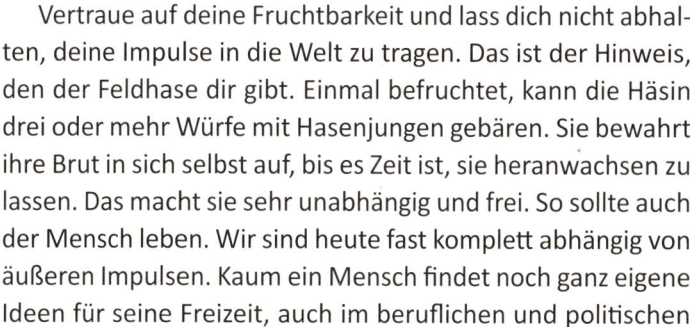

Ich bin bereit zu verteidigen,
was mir wichtig ist.

Die Gans ist ein treues und wachsames Tier. Es gibt Menschen, die eine Gans einem Wachhund vorziehen. Gänse sind genügsam und wirken nicht graziös oder schnell. Doch sie haben Kraft und eine wahre Kämpfernatur. Mit der Gans als Krafttier kannst du deine eigene Wehrhaftigkeit trainieren. Ein weiterer Aspekt der Kompetenzen einer Gans ist ihre Treue. Sie folgt dem, den sie sich aussucht, und zeigt Loyalität. Zusammen mit ihrer Fähigkeit zur Verteidigung ergibt sich ein sehr wertvolles Bild. Die Gans ist auf die Formel zu bringen: „Verteidigen, was wichtig ist."

 Hase

In mir ist eine unerschöpfliche Quelle von
Kreativität und Lebensfreude.

Vertraue auf deine Fruchtbarkeit und lass dich nicht abhalten, deine Impulse in die Welt zu tragen. Das ist der Hinweis, den der Feldhase dir gibt. Einmal befruchtet, kann die Häsin drei oder mehr Würfe mit Hasenjungen gebären. Sie bewahrt ihre Brut in sich selbst auf, bis es Zeit ist, sie heranwachsen zu lassen. Das macht sie sehr unabhängig und frei. So sollte auch der Mensch leben. Wir sind heute fast komplett abhängig von äußeren Impulsen. Kaum ein Mensch findet noch ganz eigene Ideen für seine Freizeit, auch im beruflichen und politischen

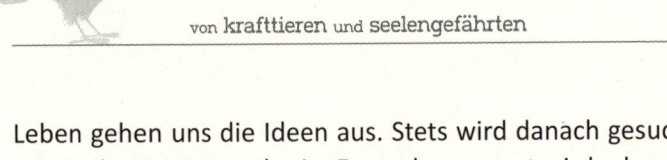

Leben gehen uns die Ideen aus. Stets wird danach gesucht, was in der Zeitung steht, im Fernsehen gesagt wird oder was die anderen denken und meinen. Selbst in ganz persönliche Fragen, die den Arbeitsplatz oder den passenden Lebenspartner betreffen, orientieren wir uns an anderen.

Hermelin

Ich kann mir selbst Geborgenheit geben und mich mit Liebe versorgen.

Das Hermelin ist auch als Mauswiesel bekannt. Es ist lebhaft und ein Sinnbild für Wärme und Geborgenheit. Edelleute schmückten sich mit seinem Fell. Wenn das Hermelin dein Krafttier ist, dann lerne von ihm, dich selbst zu wärmen und zu lieben, denn nur so kann deine Lebensfreude unangetastet bleiben.

Heuschrecke

Ich entscheide mich klar und deutlich und wage den Schritt.

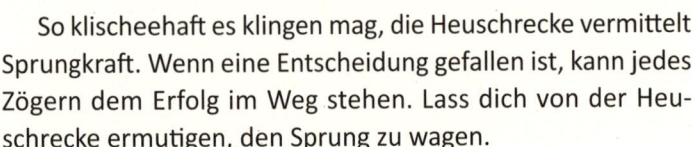

So klischeehaft es klingen mag, die Heuschrecke vermittelt Sprungkraft. Wenn eine Entscheidung gefallen ist, kann jedes Zögern dem Erfolg im Weg stehen. Lass dich von der Heuschrecke ermutigen, den Sprung zu wagen.

Hirsch, Rothirsch

*Ich bin Beschützer
und Beschützter zugleich.*

Der Hirsch war den Kelten heilig. Er war der Herr das Waldes und damit für seinen Schutz zuständig. Seine Herrschaft war an eine Aufgabe geknüpft. Er hatte die Stellung eines Gottes. Der Hirsch kann dir zeigen, wie du zum Herrscher in deinem eigenen (Lebens-)Reich wirst und mit welchen Aufgaben das verbunden ist.

Huhn

*Jeden Tag gibt mir das Leben
neue Chancen.*

Das Huhn ist ein bescheidenes und beständiges Tier. Es hat Flügel, fliegt aber schlecht, viel lieber scharrt es in der Erde nach Futter. Es macht, wie alle Vögel, durch das Ei den Lebensanfang sichtbar. Immer wieder aufs Neue legt es seine Eier ins Nest und wird nicht müde, an den Fortbestand des Lebens zu glauben und an seinen Anfang zu erinnern.

Das Huhn als Krafttier ermutigt dich, immer wieder neue Impulse zu setzen und an deine eigenen Ideen zu glauben. Im übertragenen Sinn fordert das Huhn dich auf, Lebensaspekte hervorzubringen, ohne garantieren zu müssen, dass aus jeder Idee gleich ein Erfolg wird.

Hund

*Ich genieße den Austausch
mit anderen Lebewesen.*

Ein Hund ist ein bedeutsames Krafttier. Der Hund weist
dich darauf hin, dass du dich auf deine Beziehung zu dir selbst
und zu deinen engeren Bezugspersonen konzentrieren sollst.
Pflege deine Beziehungen, es ist notwendig, wenn der Hund
dein Krafttier ist. Der Hund als Beziehungstier hat noch eine
tiefere Dimension: Er steht für die Intuition. Diese Intuition ist
wichtig, um sich vor Enttäuschungen zu schützen, wenn neue
Kontakte eingegangen werden.

Igel

*Ich weiß mich zu verteidigen und wende
dieses Wissen im Notfall an.*

Der Igel ist nicht gefährlich, solange er sich nicht bedrängt fühlt.
Nimm dir ein Beispiel an ihm. Er fährt seine Stacheln nur aus,
wenn er angegriffen wird, dann aber lässt er keine Lücke für
den Gegner. Damit verhält er sich sehr konsequent. Diese
Konsequenz fehlt vielen Menschen, gerade in persönlichen
Beziehungen. Der Igel vermittelt die Fähigkeit, unmissver-
ständlich Nein zu sagen und dabei auch zu bleiben. Mit dem
Igel als Krafttier kannst du lernen, deine Grenzen besser zu
zeigen und auf ihnen zu bestehen.

Käfer

*Ich arbeite mit großer Freude daran, dass
das Leben im Fluss bleibt.*

Käfer sind Tiere der Transformation. Ihnen verdanken wir, dass der Erdboden für die Vegetation geeignet ist. Käfer halten das Leben in Gang. Sie stehen im Dienste der Veränderung. Jeder Mensch, der loslassen kann, handelt ebenso. Wenn der Käfer dir als Krafttier erscheint, dann solltest du daran arbeiten, neuen Entwicklungen und Erfahrungen eine Chance zu geben. Gib deine Behäbigkeit und deine Gewohnheiten auf. Gib dich der Tatsache hin, dass das Leben heute stattfindet und man nichts für morgen bewahren muss.

Kaninchen, siehe Hase

Katze

*Ich genieße meine Autonomie
und liebe meine Freiheit.*

Die Freiheit der Katze ist keine fehlende Bindung. Die Katze ist unabhängig, und sie erfüllt keine Bedingungen, um geliebt zu werden. Sie weiß, unter welchen Umständen sie sich wohl fühlt, andere kommen für sie nicht in Frage. Die Katze hat innere Stärke, weil sie keine Kompromisse macht. Diese Stärke offenbart sich in Schönheit und Ruhe. Es ist eine wunderschöne Entsprechung, dass die ägyptische Göttin Bastet als Katze dargestellt wird.

Die Katze als Krafttier zu haben, wünschen sich viele Menschen. Sie gehört gerade bei Frauen zu den beliebten Boten aus dem Tierreich. Sie hilft, Stolz und Unabhängigkeit zu vermitteln, zwei Eigenschaften, die besonders für Frauen eine zunehmend große Bedeutung haben.

Kröte

Ich kann höhere materielle Ziele erreichen,
sobald ich nur will.

Die Kröte ist als Krafttier dem Frosch verwandt, jedoch ist sie viel geerdeter. Ihr Reichtum bezieht sich auf die materielle Ebene, ihre Fruchtbarkeit auf Geld und Wohlstand. Sende deine Impulse aus, lege zahlreiche „Eier" in Form von Anstößen nach außen, und du wirst erleben, wie sich dein Reichtum mehrt.

Lamm

Meine Stärke liegt darin,
dass ich zur rechten Zeit Demut zeige.

Auch das Lamm hat seine Bedeutung in der Krafttierliteratur nicht aus dem kollektiven Unbewussten, sondern aus der Opfertradition der jüdischen Religion. Deshalb wird ihm Demut zugesprochen. Hier wird die Verbindung zum Osterlamm in den Vordergrund gestellt. Diese Rolle des Lamms hat mit dem Tier selbst nichts zu tun. Es stimmt auch nicht, dass Schafe dumm sind. Sie sind eher wie die bodenständigen

Rinder zu sehen, die nichts unterlassen, um sich körperlich zu nähren, wie es für viele Landtiere eben typisch ist.

Ein Lamm als Krafttier ermutigt dazu, Demut zu lernen. Darin liegt die Fähigkeit, einen Schritt zurückzutreten, statt mit dem Kopf durch die Wand zu wollen. Im zweiten Anlauf ist man manchmal erfolgreicher.

Marder, Baum- und Steinmarder

Ich arbeite im Verborgenen,
bis mein Werk reif ist für das Licht.

Dieses Nagetier kommt meist als kleiner Störer in unseren Gesprächen vor. Den Marder bemerken wir nicht, bevor er nicht Schaden angerichtet hat. Es ist auch für unsere menschlichen Werke manchmal gut, sie verborgen zu halten, bis die Ergebnisse sich im Licht entfalten können. Manche Ideen stehen sonst in der Gefahr, durch Neid boykottiert zu werden.

Maulwurf

Ich kann mich auf meinen Instinkt
voll und ganz verlassen.

„Blind wie ein Maulwurf", diesen Ausdruck kennen wir alle. Doch der Maulwurf ist nur auf einer einzigen Ebene blind. In Wahrheit kann er seinen kleinen Schaufelhänden voll und ganz vertrauen. Er findet immer wieder ans Tageslicht. Wenn du einmal den Weg nicht sehen kannst, dann handle wie der Maulwurf, ganz intuitiv.

Maus

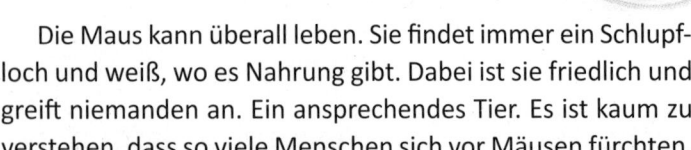

*Ich kann mich an äußere Umstände
erfolgreich anpassen.*

Die Maus kann überall leben. Sie findet immer ein Schlupf-
loch und weiß, wo es Nahrung gibt. Dabei ist sie friedlich und
greift niemanden an. Ein ansprechendes Tier. Es ist kaum zu
verstehen, dass so viele Menschen sich vor Mäusen fürchten.
Wer die Maus als Krafttier hat, lernt, sich selbst zu versorgen und seine Energien nicht auf seine Umgebung zu
konzentrieren.

Pfau

*Ich genieße meine Schönheit
und zeige sie auch.*

Früher hieß es, Pfauenfedern brächten Un-
glück. Doch oft steckte auch eine gewisse
Beschränktheit und falsch verstan-
dene Moralerziehung hinter solchen
Annahmen. Heute verstehen wir den
Pfau so, dass er dabei helfen kann,
Stolz auf die eigene Schönheit zu
empfinden.

Pferd

Meine Gefühle sind mir
ein willkommener Grund,
mich zu bewegen.

In unserem kollektiven Unbewussten ist das Pferd das Symbol für Bewegung. Pferde sind emotionale Tiere, man fühlt sich wohl in ihrer Nähe. Als Krafttier kann das Pferd dich lehren, deine Gefühle zu ergründen und dich in Bewegung zu setzen.

Ratte

Ich werde überleben!

Ratten sind den meisten Menschen ein Gräuel. Sie ernähren sich von Abfällen und übertragen Krankheiten. Doch ihr Ruf ist ihnen gleichgültig. Sie sind gelehrig, klug und haben einen sehr starken Überlebenswillen. Sich nicht um die Meinungen anderer zu scheren und sein eigenes Leben erfolgreich zu führen, ist die Botschaft der Ratte.

Raupe

*Ich schaffe die Voraussetzungen
für meine kraftvolle Transformation.*

Es liegt in der Natur der Dinge, dass die Raupe selten lange als Krafttier bei ihrem Menschen bleibt. Sie steht davor, ein Schmetterling zu werden. Deshalb lässt sie nichts liegen, was ihr bei der Transformation helfen kann.

An diese Aufgabe erinnert die Raupe als Krafttier. Sie mahnt zur Eile, denn die Transformation steht bevor. Jetzt darf keine Kraft mehr verschwendet werde, es gilt, alle Energien zu sammeln und dann ohne Ablenkung der Entfaltung entgegenzugehen.

Reh

Ich kann Gefahren sehen und meiden.

Das Reh hat es wegen seiner liebreizenden Augen sogar zum Kinostar gebracht. Die großen, runden Augen wecken zahlreiche Gefühle im Betrachter. Mit seinen großen Augen kann es aber nicht nur freundlich schauen, es ist wachsam und sieht, wenn sich Gefahren nähern. Als Krafttier will es die Fähigkeit vermitteln, besser auf Gefahren zu achten.

Salamander

Ich erlebe Reinigung,
um mich vollkommen neu zu erfinden.

Der Salamander ist im Allgemeinen so zu sehen wie die Eidechse. Nur hat er zusätzlich noch die Fähigkeit, durch das Feuer Reinigung zu erfahren, ohne sein Leben lassen zu müssen. Diese Annahme rührt allerdings von Sagen und Legenden her, in Wahrheit kann der Salamander genauso verbrennen wie jedes andere Lebewesen auch.

Schaf

Ich bin gelassen, weil ich mich
von der Schöpfung geführt fühle.

Das Schaf, das gemütlich auf der Wiese grast, scheint ein Ausbund an Gelassenheit. Es wechselt den Weidegrund, wenn es nötig ist, und fragt nicht nach der Zukunft. Seine Mobilität sehen wir ihm auf den ersten Blick gar nicht an. Doch wir sollten uns verdeutlichen, dass Schafe sich an nichts festhalten. Sie gehen einfach, wenn das Futter knapp wird.

Das Schaf lehrt den Menschen, sich zu lösen, wenn es der eigenen Entwicklung und Versorgung dienlich ist.

Schlange

*Meine Häutung wird mir neue Horizonte
eröffnen und eine neue Reife geben.*

Die Schlange ist in unserem Kulturkreis besonders aus dem Alten Testament bekannt. Der Legende nach hat
sie die erste Frau dazu ermuntert, vom ver-
botenen Baum der Erkenntnis zu essen. Auf diese Art soll die
Menschheit ihre Unschuld und damit das Paradies verloren
haben. Damit ist zuerst klar, dass die Schlange mit Erkenntnis
zu tun hat. Sie häutet sich regelmäßig. Ihre Haut wird zu klein,
und sie wirft sie schließlich ab, um neu zu werden. Seine alte
Haut abzustreifen zeugt von einem starken Wachstumswillen
und von einem klaren Bewusstsein für die eigene Größe und
den eigenen Raumbedarf. Unterdrückende Systeme, wie
etwa die katholische Kirche des Mittelalters, verteufelten
diese natürliche Einstellung sich selbst gegenüber. Wem
die Schlange als Krafttier begegnet, der will sich häuten. Die
Schlange kann dabei helfen, die eigene Angst vor der Weiter-
entwicklung zu überwinden.

Schwein

*Meine Sensibilität hilft mir,
mein Leben rein zu halten.*

Schweine sind ordentliche, intelli-
gente und sensible Tiere. Wir Menschen sollten
uns ein Vorbild an ihnen nehmen. Wenn das Schwein dein

Krafttier ist, kann es dir helfen, deine Wahrnehmung zu schärfen. Schweine sind sensibel und erspüren das Gute. Sie haben eine feine Nase, ähnlich wie Hunde. Diese feine Nase soll der Mensch trainieren, wenn das Schwein sein Krafttier ist.

Spinne

*Ich bereite mich gründlich
auf meine Ernte vor.*

Viele Menschen fürchten sich vor Spinnen. Zu Halloween werden sie als Dekoration verwendet, und in der Geisterbahn jagen sie den Gästen kalte Schauer über die Haut. Die Spinne ist kein Tier, das unbedingt Sympathien weckt. Als Krafttier kann sie eine hervorragende Lehrmeisterin für Geduld, Ausdauer und planvolles Handeln sein. Die Spinne webt ihr Netz mit einer großen Akribie. Dann wartet sie. Sie wird nicht nervös oder unruhig. Die Spinne ist sich sicher, dass ihr eine Beute ins Netz gehen wird. Sie vertraut auf ihre eigene Ernte und auf die Gerechtigkeit. Im spirituellen Sinn bedeutet Gerechtigkeit, dass jeder das ernten wird, was er ausgesät hat. In diesem tiefen Vertrauen in die eigene Leistung und die Gerechtigkeit der Schöpfung liegt die Fähigkeit, die die Spinne vermitteln kann.

Steinbock

Alles wird mir gelingen,
wenn es zur rechten Zeit geschieht.

Der Steinbock ist ein Krafttier, das in aller Bescheidenheit leben kann. Er ist zäh und zufrieden, ohne Üppigkeit zu haben. Viele Menschen sehen den Steinbock als ein Tier der Gegensätze. Auf der einen Seite hat er eine einsame Wegstrecke, auf der anderen Seite werden ihm ein großer Familiensinn und das tiefe Bedürfnis nach Zugehörigkeit unterstellt. Der Steinbock weist darauf hin, dass es für alles die rechte Zeit gibt.

Stier

Ich bleibe standhaft
und lasse mich nicht vertreiben.

Der Stier ist ein sehr urtümliches Krafttier. Sogar im Runenalphabet war die Rune „Ur" vorhanden. Sie steht für den Buchstaben „U" und den Auerochsen, außerdem bezeichnet sie die Qualitäten „Bodenständigkeit" und „Kraft". In der Astrologie gibt es den Stier auch als Tierkreiszeichen. Das Rind, der Stier oder der Ur ist den Menschen schon seit langer Zeit ein Begleiter. Der Stier steht für Bodenständigkeit, Erdverbundenheit und Genuss. Er kann dir helfen, mit beiden Füßen fest auf dem Boden zu bleiben. Er ist ein Krafttier, das uns mahnt, mehr Sinnesfreuden und Genuss ins

Leben zu lassen. Gutes Essen, befriedigende Sexualität und Wohlstand helfen dabei, sich zu erden. Der Körper will verwöhnt werden, damit die Seele sich in ihm wohlfühlen kann. *(Teresa von Ávila)*

Wildkatze, siehe Katze

Wolf

*Ich halte mich klar an die Regeln
der Gemeinschaft,
um mein Überleben zu sichern.*

Über den Wolf kursieren in der Esoterik viele romantisch verklärte Ideen und Erzählungen. Er macht stark, ist unabhängig und kann sich mit Menschen verbrüdern, so heißt es. Doch neueste Forschungen werfen ein vollkommen anderes Licht auf den Wolf. Inzwischen weiß man, dass das legendäre Wolfrudel nichts anderes ist als eine Familie, die meist aus drei Generationen besteht. Beobachtungen der Wölfe in völliger Freiheit sind noch nicht lange möglich. Inzwischen ist es aber gelungen, ihre natürliche Lebensweise schrittweise zu ergründen. Heute weiß man, dass die beiden Leitwölfe die Eltern sind, die ihre eigenen Kinder großziehen. Im zweiten Jahr werden weitere Jungen geboren, die dann von den Geschwistern und den Eltern gemeinsam aufgezogen werden. Dann verlassen die älteren Wolfskinder ihre Eltern und gründen eigene Rudel. Die Rangordnung, die Rudelkämpfe und den Wolf, der vollkommen auf sich allein gestellt durch die Wälder streift, gibt es unter gesunden, normalen Bedingungen nicht. Der Wolf ist also das Familientier schlechthin.

Wer einen Wolf als Krafttier hat, hat die Aufgabe, das eigene Wohl mit dem Wohl der Gemeinschaft in Einklang zu bringen. Der Wolf als Krafttier steht für Frieden und Harmonie. Sein Bezug zum Mond ist ein Bezug zur Erkenntnis, die sich aus dem kollektiven Unbewussten heraus offenbart. Der Wolf weiß um die Bedeutung der nachfolgenden Generationen. So kann er auch darauf hinweisen, dass es an der Zeit ist, eine Familie zu gründen und einer neuen Generation den Weg ins Leben zu ebnen, denn ein einsamer Wolf wäre ein gescheiterter Wolf. Der natürliche Wolf ist der Wolf mit einer festen Rolle in seinem Rudel.

Der zweite Aspekt des Wolfes ist die Abnabelung von den Eltern. Es kommt die Zeit, da gehen die jungen Wölfe in ein eigenes Leben. Sie haben dann eine Fürsorgepflicht für einen eigenen Verantwortungsbereich. Der Wolf als Krafttier kann dabei helfen, mit dem natürlichen Lebensrhythmus der Reifung im Einklang zu leben.

Ziege

Ich weiß, dass auf jeden dunklen Tunnel auch ein Licht folgt.

Ziegen sind anspruchslose, aber nützliche Tiere. Sie können zum Tragen von Lasten und sogar zum Ziehen von Wagen eingesetzt werden. Außerdem geben sie Milch und brauchen wenig Futter. Die Botschaft der Ziege ist Beharrlichkeit, gepaart mit Ausdauer. Ist die Ziege dein Krafttier, dann steckst du wahrscheinlich in einer Phase der Entbehrungen oder gar der Not. Vielleicht steuerst du ein hohes Ziel an, und deine gegenwärtigen Bedürfnisse kommen deswegen zu kurz. Die Ziege kann dir ein Vorbild sein. Sie kann dich lehren, deine Kräfte bis zum Äußersten einzusetzen und deinen Weg zu gehen, ganz gleich, wie schwer er auch scheinen mag. Um das zu verstehen, brauchen wir nur an die Bergziegen zu denken, die gefährliche Wege zurücklegen, um an ihr Futter zu kommen.

Hexentiere

In der spirituellen Literatur und auch in Gruselromanen taucht immer wieder der Begriff „Hexentiere" auf. Die Bezeichnung hat eine eher negativ gefärbte Tendenz. Sie rührt daher, dass man einige spezielle Tiere den Hexen zuordnet. Meistens werden sogenannte Hexentiere in der Filmindustrie eingesetzt, oder sie dienen zu Gruselzwecken zu Karneval oder Halloween. Diese Tiere haben teilweise den Ruf, ähnlich wie viele Fabeltiere, Verkörperungen des Teufels zu sein oder zumindest mit dem Teufel im Bunde zu stehen. Diese Gerüchte beruhen auf der Angst des Menschen vor allem, was er nicht kennt. Auch die Dunkelheit macht dem Menschen Angst, deshalb sind Hexentiere meist Tiere, die sich entweder im Verborgenen aufhalten oder in der Nacht aktiv sind.

Hexen waren aber auch dafür bekannt, Tieren und Pflanzen mit Respekt und Achtung zu begegnen. Sie schätzten die Arbeit, die die Tiere verrichteten. Sie hielten Katzen für die Mäusejagd und ließen Spinnen leben, weil sie die Insekten verzehrten. Außerdem beflügelten Hexen mit ihren Heilkünsten die Fantasie der Menschen. Was nur kochten diese Frauen in ihren Kesseln? Welche Rezeptur lag den Heiltränken zugrunde? Wer üble Nachrede verbreiten wollte, der ersann schnell den Zaubertrank mit Krötenschleim und Spinnenbein.

Typische Hexentiere sind daher die Eule und die Spinne, der Wolf, die Fledermaus, der Rabe (wegen der dunklen Farbe) und die Katze. Diese Tiere können uns bei der spirituellen Entwicklung helfen, selbst wenn sie nicht unsere Krafttiere sind. Sie kennen sich in der verborgenen Welt aus und können daher Wegweiser sein, wenn wir bestimmte Antworten und Klarheiten suchen. Die Arbeit mit den Hexentieren sollte aber nur unternommen werden, wenn sie den Kontakt mit unserem Krafttier nicht stören. Eine spirituelle Arbeit sollte nicht mit einer anderen in Konkurrenz stehen. Außerdem hat unsere Seele nur eine begrenzte Leistungsfähigkeit.

Eule

Die Eule gilt als Bewahrerin der Weisheit. Sie steht im Ruf, besonders das Verborgene zu erkennen. Daher kann sie in der Dunkelheit aktiv sein und verschläft die Tage. Schon in der Antike galt die Eule als Zeichen der Weisheit. Diese Hüterin des alten Wissens ist ein sehr positives Hexentier.

Fledermaus

Wer in der Hexe etwas Böses sieht, der wird ihr auch die Fledermaus als Hexentier zuordnen. Ähnlich wie dem Wolf wird auch ihr ein Wesen unterstellt, dass sie gar nicht hat. Viele sehen in ihr einen Blutsauger und eine Gefahr für den Menschen. Beides trifft jedoch nicht zu.

Katze

Die Unabhängigkeit der Katze ist ihr hervorstechendes Merkmal, wenn man sie als Hexentier betrachtet. Hexenkatzen sind meist schwarz, eben wie der Teufel. Sie sind wehrhaft und lassen sich nichts gefallen. Diese Eigenschaften wurden und werden auch den Hexen unterstellt.

Kröte

Die Kröte ist ein Symbol der Fruchtbarkeit. Hexen wurde früher bisweilen unterstellt, Kröten als Zutat für ihre Hexensuppen zu nutzen. Je nach Färbung des Gerüchts handelte es sich um heilende oder vergiftete Suppen.

Rabe

Raben gelten den Hexen als Botschafter aus der Anderswelt. Sie begleiten sie auf ihrem Weg über die Schwelle in die andere Welt. Wenn du eine Hexenreise in die Anderswelt, dein Unbewusstes, unternehmen möchtest, kann der Rabe dir den Weg weisen und den Eingang zeigen. Unternimm die folgende Visualisierungsübung, wenn du Erfahrungen mit dem Raben als Reiseführer machen möchtest.

Übung:

Sorge dafür, dass du entspannt und ruhig bist. Übe in einem gut gelüfteten Raum oder in der freien Natur. Reinige dich auch körperlich vor deiner Reise. Sie ist ein festlicher Akt.

Sprich deinen Raben an und bedanke dich, dass er dir den Weg weist. In Gedanken stehst du nun auf einem dir unbekannten weißen Feld. Der Rabe erhebt sich in die Luft und führt dich mit seinem Flug. Folge ihm, ganz gleich, was geschieht. Beobachte deinen Weg. Das weiße Feld wird vermutlich nicht weiß bleiben. Es kann eine Landschaft entstehen. Behalte den Raben gut im

Auge, folge ihm direkt, ohne stehenzubleiben oder Umwege zu gehen. Dein Rabe wird dir einen Eingang zeigen. Welcher Art dieser Eingang ist, wirst du früh genug erkennen. Ob du den Eingang nutzt oder mit deinem Raben zurückgehst, ist deine Entscheidung. Wenn du den Weg in die Anderswelt gehen willst, wird dein Rabe am Eingang auf dich warten und dich nach Hause bringen. Soll dein Rabe dich in die Anderswelt begleiten? Dann bitte ihn darum, akzeptiere aber, wenn er von dir verlangt, dass du allein gehst.

Spinne

Die Spinne wurde den Hexen oft zugeordnet, weil sie als unerwünschtes Tier im Hause galt. Spinnen machen vielen Menschen Angst, Hexen ebenfalls. So wurden die beiden zusammengebracht.

Wolf

Auch der Wolf kann als Hexentier auftreten, er kann der Gefährte einer Hexe sein. Ähnlich wie die Katze wird er als wehrhaft angesehen. Das Vorurteil, Wölfe könnten oder wollten gar einsam leben, macht ihn zum Hexentier. Hexen kommen gut mit sich allein zurecht und können sich zurückziehen, ohne Einsamkeit zu erleben. Weil man ihm ähnliche Verhaltensweisen unterstellte, wurde der Wolf quasi zum Seelengefährten der Hexe.

Fabeltiere

Fabeltiere begleiten die Menschen seit Urzeiten. Sie gelten streng genommen nicht als Krafttiere, können aber trotzdem als Ergebnis einer Krafttiermeditation auftauchen. Sie können aus einer Tiefe des Unbewussten aufsteigen, die uns normalerweise verschlossen bleibt. Wenn sie uns begegnen, dann haben sie uns etwas zu sagen, und wir sollten ihre Impulse annehmen. Die im Folgenden dargestellten Fabelwesen sind uns aus verschiedenen Kulturkreisen gut bekannt. Oft sind sie Kreuzungen verschiedener Tiere und verbinden deren Eigenschaften. Wie Hexentiere sind sie häufig mit negativen Merkmalen belegt, und wie bei den Hexentieren zeigen sich auch in den Mythen über Fabeltiere häufig Ängste, die die Menschen beschäftigen.

Es kann geschehen, dass du auf deiner Suche nach deinem Krafttier auf ein „Fabeltier" triffst. Es kann eine Kombination aus verschiedenen Tieren sein. Wundere dich nicht darüber, sondern lerne dein Gegenüber mit seinen Botschaften zu verstehen. Wenn dir ein solches „Mischwesen" aus der Fabelwelt begegnet, dann solltest du dir aufschreiben, welche einzelnen Tiere du entdecken kannst. Jetzt hast du viel damit zu tun, die einzelnen Tiere zu begreifen. Schreibe so viele Begriffe zu diesen Tieren auf, wie dir nur einfallen. Versuche einen, höchstens drei Oberbegriffe zu finden, mit denen dein Tier charakterisiert werden kann. Meist haben diese Tiere eine ganz besondere Aufgabe. Sie leben sehr tief in der unbewussten Welt und haben sehr alte Fähigkeiten, die sie ihrem Menschen vermitteln wollen.

Basilisk

Der Basilisk ist den meisten als ein besonders grausames und gefährliches Fabeltier bekannt. Er ist eine Kreuzung aus einem Vogel und einer Schlange. Sein Blick und sein Atem sind tödlich. In manchen Legenden gilt er als der König aller Schlangen. Der Basilisk ist oft mit einem Hahnenkopf ausgestattet, und in den meisten Legenden ist er aus einem Hahnenei entstanden. Das zeigt bereits die Unmöglichkeit seiner Existenz, soll aber auch ein Hinweis auf seine Kraft und seine Macht sein. Ein Hahn ist imposanter als eine Henne und quasi der „Herrscher" im Hühnerstall. Durch diese Verbindung erlangt der Basilisk eine bestimmte Machtstellung. Und wie jede starke Figur hat er natürlich auch seine Schwachstellen. Das Krähen des Hahnes soll ihn ebenso töten können wie ein Wiesel. Wanderer führten daher früher oft einen Hahn bei sich, damit er sie im Notfall vor dem Basilisken schützen konnte. Wem der Basilisk in einer Mediation oder einem Traum begegnet, der sollte sich seiner Macht und auch seiner Schwachstellen bewusst werden.

Boa

Diese riesige Schlange soll ihre Größe daher haben, dass sie sich nachts an die Rinderherden heranmacht und den Kühen die Euter leertrinkt. Danach verschlingt sie die Tiere einfach. Viehbesitzer der Antike fürchteten die Boa, weil sie in ihr eine existentielle Bedrohung sahen.

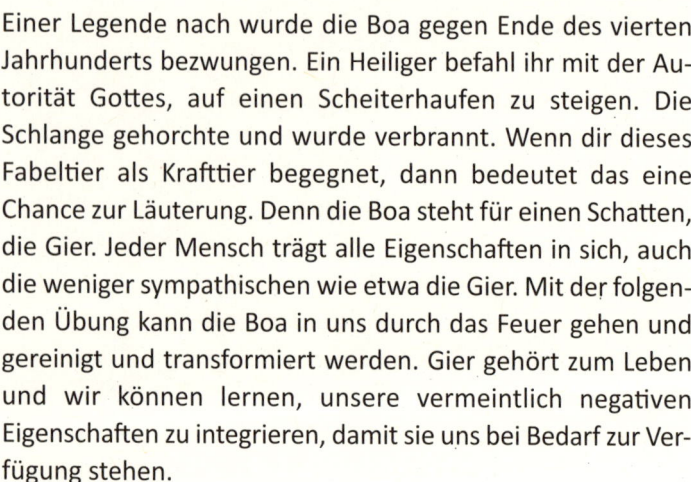
Einer Legende nach wurde die Boa gegen Ende des vierten Jahrhunderts bezwungen. Ein Heiliger befahl ihr mit der Autorität Gottes, auf einen Scheiterhaufen zu steigen. Die Schlange gehorchte und wurde verbrannt. Wenn dir dieses Fabeltier als Krafttier begegnet, dann bedeutet das eine Chance zur Läuterung. Denn die Boa steht für einen Schatten, die Gier. Jeder Mensch trägt alle Eigenschaften in sich, auch die weniger sympathischen wie etwa die Gier. Mit der folgenden Übung kann die Boa in uns durch das Feuer gehen und gereinigt und transformiert werden. Gier gehört zum Leben und wir können lernen, unsere vermeintlich negativen Eigenschaften zu integrieren, damit sie uns bei Bedarf zur Verfügung stehen.

Übung:

Mach dir bewusst, wie die Eigenschaft der Gier in dir wirkt. Visualisiere, wie du selbst vor einem Tor stehst und weißt, dass du eine lange Reise antreten willst. Um dich herum sind Tische und Körbe mit allerhand Wegzehrung aufgebaut. Eine kleine Gestalt tritt zu dir und reicht dir einen Beutel. Nun greif zu und pack alles ein, was du brauchst. Wenn dir für deine Reise etwas fehlt, lass es dir von der kleinen Gestalt besorgen. Du sollst bestens ausgestattet sein.

Gier entsteht durch einen Mangel. Wer einmal erfahren hat, wie es ist, unversorgt zu sein, wird geizig und entwickelt Gier, weil er alte Ängste verarbeiten muss. Lerne, dich immer vollkommen und komplett selbst zu versorgen. Danach gibst du ab, verschenkst und verzichtest auf alle Dinge, die überflüssig sind.

Ceraste

Die Ceraste ist eine Schlange mit acht oder neun Hörnern, die sich vollkommen unter der Erde verborgen hält, bis ihre Beute sich auf eines der Hörner setzt und von ihr verschlungen wird. Sie ist bekannt durch alte Merkurdarstellungen aus der Astrologie, mit Körpern, die in entgegengesetzte Richtungen weisen, und Köpfen, die einander zugewandt sind. So steht die Ceraste für widerstrebende Kräfte. Diese zeigen sich auch in ihrer Lebensform. Einerseits ist sie in der Erde verborgen, andererseits ragen ihre Hörner wie Antennen aus dem Boden hervor und weisen zum Himmel. Um diesem Fabeltier näherzukommen, kann eine Meditation genutzt werden, die Erd- und Himmelsenergie verbindet. Schon die Vorstellung, selbst ein Baum zu sein, mit Wurzeln im Erdreich und Ästen im Himmel, genügt. So kann erreicht werden, dass die Kanäle zum Universum offen sind, ohne dass die Erdung verloren geht. Das ist eine wichtige Voraussetzung für echte gelebte Spiritualität.

Drache

Drachen gibt es in jeder Kultur. Sie sind zu Wasser und zu Land anzutreffen und finden bis in die relativ moderne Märchenwelt hinein Beachtung. In der keltischen Kultur ist die gehörnte Schlange ein Zeichen der Fruchtbarkeit. Von Drachen geht auch heute noch eine große Faszination aus. Sie zieren Schmuck und Kleidung oder werden in Tattoos abgebildet. Meist entsteht der Eindruck, der menschliche Nutzer wolle damit seine eigene Stärke mehren. Hier werden wir wieder an den Missbrauch des Tieres erinnert. Der Drache sollte nicht für uns kämpfen müssen – wir können vom Drachen lernen.

Es gibt vielzählige Bedeutungen, die mit dem Drachensymbol verbunden werden. Im asiatischen Raum garantiert der Drache Frieden und Harmonie, er taucht auch als Glücksdrache auf. In der christlichen Mystik ist er ein Symbol für die Überwindung von Schuld und Tod, das Drachenbild kann auch für Jesus Christus stehen. In Japan ist er der Hüter des Buddhismus. Dort wird beim Drachenfest die Vertreibung der Christen mit Papierdrachen gefeiert. In unserem Kulturkreis symbolisiert er das Böse und die Gefahr, manchmal auch den Teufel persönlich. Das liegt daran, dass der Drache immer auch an die Schlange erinnert. Ihr Ruf von der Versucherin gegen den Willen Gottes haftet dem Drachen in manchen Legenden an.

Wer den Drachen als Krafttier hat, sollte sich aber nicht durch die vielen verschiedenen Legenden und Sagen verwirren lassen. Der Drache verleiht eine urtümliche Kraft und hilft seinem Menschen dabei, über alle irdischen und himmlischen Energien zu verfügen, die er braucht.

Einhorn

Bilder, Geschichten und Vorstellungen von Einhörnern beflügeln die Fantasie der Menschen. Ein Einhorn, leuchtend und sanft, spricht die Sehnsucht nach Harmonie und Frieden an, die die meisten

Menschen in sich tragen. Die sentimentalen Bildchen, die heute durch das Internet geistern und Einhörner präsentieren, zeigen aber nicht das Einhorn, von dem die alten Geschichten berichten. Das Einhorn kommt in allen Kulturkreisen vor. In der westlichen Welt wird es als ein böses und aggressives Tier gesehen, meist als Pferd, oft aber auch mit dem Körper einer Ziege, einer Antilope oder eines Nashorns. Das Horn wurde ebenfalls nie einheitlich dargestellt. In den östlichen Kulturen gibt es dieses böse Einhorn nicht. Die uns bekannten modernen Darstellungen sind eher an die östlichen Weisheitslehren angelehnt als an die europäische Sagenwelt. Die Chinesen beispielsweise sehen das Einhorn als ein Symbol für Licht und Frieden. Dort ist es, wie der Drache, eines der Glückstiere. Es heißt, es könne keinem Lebewesen etwas zu Leide tun, nicht einmal einen Grashalm zertreten. Wenn ein Einhorn erscheint, dann kündigt es die Geburt eines großen Königs an. Die Chinesen gehen davon aus, dass das Einhorn eine Lebenserwartung von etwa 1000 Jahren hat. Wer ein Einhorn verletzt oder ein totes Einhorn findet, der wird für den Rest seines Lebens vom Unglück verfolgt. Im europäischen Mittelalter galt das Einhorn als Mariensymbol, auch Christus wurde teilweise mit dem Einhorn in Verbindung gebracht. Die europäische Mythologie veränderte sich dahingehend, dass das aggressive und wilde Tier nur von einer reinen Jungfrau gezähmt werden konnte. Das Einhorn, das sanft im Schoße einer Jungfrau ruht, ist auch ein Bild für die wilde männliche Kraft, die von der Reinheit der Weiblichkeit bezwungen werden kann.

Wenn das Einhorn dein Krafttier ist, dann kannst du dir auch die Karte „Kraft" im großen Arkanum des Tarotdecks zu Hilfe nehmen. Auch hier schafft es eine reine junge Frau, das wilde Tier, den Löwen, zu zähmen. Das Einhorn weist dich auf die Spannung zwischen Naturtrieb und Gewissen hin. Es fordert dich auf, diesen Spannungsbogen zu erkennen und dich zum Wohle des Lebens zwischen dem einen und dem anderen Aspekt zu entscheiden. Es ermutigt dich, deine eigene unbezähmbare Natur zu leben, dabei aber nicht Demut und Geduld zu vergessen, die ein reines Gewissen ausmachen. So warnt es vor dauerhafter Hitzigkeit, vor Trotz und vor blindem Eifer. Diesen blinden Eifer schildert eine Version des Märchens „Das tapfere Schneiderlein", in dem das Einhorn gefangen wird, weil es sein Horn in einen Baumstamm rammt, aus dem es sich nicht mehr befreien kann. Nur Demut und Besonnenheit hätten das verhindern können. Auch in den Sagen um Sindbad den Seefahrer mangelt es einem Einhorn an den weiblichen Tugenden. Es wütet und tobt, sticht einen Elefanten und spießt in auf. Dann will es seine Beute auf dem Kopf wegtragen. Blut und Fett des Elefanten aber fließen ihm in die Augen. Es kann nicht mehr sehen und wird so Opfer des Rock (siehe Fabeltier Rock), der es in sein Nest trägt, um seine Jungen damit zu füttern.

Greif

Der Greif ist ein Wesen, das aus einem Löwenkörper mit einem Adlerkopf und Adlerflügeln besteht. Allein schon eine seiner Federn verleiht ihrem Besitzer Zauberkräfte. Im jüdischen Jerusalem sollen Greife den Thron Jehovas getragen haben. Später wurde der Greif auch kurzzeitig als Symbol für Christus gesehen. Der Löwenkörper zeigte seine Stärke und der Adleranteil verhalf ihm zur Auferstehung in den Himmel. Als Krafttier ermutigt der Greif den Menschen, der göttlichen Energie zu dienen und daraus Kraft und Freiheit zu erhalten.

Hippogryph

Wir alle kennen Bilder von Tieren, die den Kopf und Oberkörper eines Vogels und den Körper eines Pferdes haben. Der Name „Hippogryph" ist aus dem italienischen Wort für „Pferd" und „Greif" zusammengesetzt. Der Hippogryph taucht vor der Zeitwende zum ersten Mal in der römischen Literatur auf, etwa 400 Jahre später ist man sich einig, dass er eine Schöpfung aus einem Adler und einem Löwen ist. Andere Quellen gehen allerdings davon aus, dass der Hippogryph erst im 16. Jahrhundert erfunden wurde. Somit wäre er kein urtümliches Fabeltier, sondern eine rein der Fantasie entsprungene Abwandlung des Greifen.

Wer ihn als Krafttier an die Seite gestellt bekommt, kann ohne Bedenken mit ihm arbeiten wie mit dem Greif.

Leviathan

Der Leviathan ist ein Fabeltier, das bereits im Alten Testament erwähnt wird. Es macht den Menschen Angst. In der Form wirkt der Leviathan wie ein Drache. Er symbolisiert das Chaos und die Gottesferne. Sein Schlund gilt als das Tor zur Hölle. Der Leviathan gilt mit seinem Feuerrachen als der König der Ungeheuer. Wenn dir der Leviathan begegnet, kommst du in einen engen Kontakt mit deinem eigenen Schatten. Du siehst das Dunkle und das Verzehrende in deinem Wesen. Wehre dich nicht dagegen. Prüfe, in welcher Leidenschaft oder welcher Idee du deine Kräfte verzehrst. Manchmal sind wir in einer Idee gefangen und befinden uns damit in Ketten, die nahezu teuflische Macht über unser Leben haben. Prüfe dich und löse dich von diesen Ketten. Du lebst nicht für eine Idee, du lebst für deinen eigenen göttlichen Wesenskern, und der kann sich nur in Freiheit entfalten.

Lindwurm

Der Lindwurm gleicht dem Drachen, manche Lindwürmer sind gar nicht von Drachen zu unterscheiden.
Interessant ist die Legende um die Entstehung Islands. Sie findet sich in einer nordischen Sage, in der der einäugige Lindwurm als ein Ungeheuer so lang wie der Erdumfang und mit einer riesigen zweiteiligen Zunge beschrieben wird. Als er starb, spuckte er seine Zähne aus, und daraus bildeten sich die Shetland-, die Orkney- und die Färöerinseln. Seine Zunge steht seitdem als Mondsichel am Himmel, und sein gekrümmter Körper ist Island. Als Krafttier ist der Lindwurm eine echte Aufgabe. Er zeigt auf, dass in jedem Menschen die Kraft wohnt, etwas Großes und Bedeutendes zu kreieren. Mit dem Lindwurm kann man der Schöpfer des eigenen Lebens und Lebensraumes werden.

Midgardschlange

Die Midgardschlange entstammt der nordischen Mythologie. Sie wurde von Loki und einer Riesin gezeugt. Als sie von Odin ins Meer geworfen wurde, wuchs sie zu unermesslicher

Größe heran. Schließlich nahm sie ihren eigenen Schwanz in ihr Maul und umspannt seitdem die Erde. Wenn sie trinkt, ist Ebbe in den Meeren, sagt die Legende. Sie soll Thor mit ihrem Gift besiegt haben, nachdem er sie mit seinem Hammer erschlagen wollte. In der jüngeren „Edda" wirft Thor ihr seinen Hammer hinterher, und es konnte bis heute nicht ermittelt werden, ob er sie getroffen und getötet hat oder ob sie noch lebt. Begegnet dir die Midgardschlange als Krafttier, zeigt sie dir, dass ein Scheitern und ein Angriff von außen dazu führen, dass deine Kräfte wachsen.

Onager

Der Onager ist ein eher unbekanntes Fabeltier. Er ist mit dem Einhorn verwandt. Nur handelt es sich bei ihm nicht um ein Lichtwesen wie beim gehörnten Pferd. Er ist ein dunkles Wesen, ein wilder Esel mit einem Horn auf der Stirn. Dieses Fabeltier schreit wie von Sinnen, wenn sich ein Mensch dem Licht zuwendet. Als Krafttier wird der Onager selten vorkommen, er ist eher ein ungelebter Schatten. So lautet seine Botschaft, sich vom Dunklen abzuwenden und ins Licht zu blicken.

Pegasus

Pegasus ist das geflügelte Pferd des
Gottes Zeus. Seine Flügel machen ihn
zum Symbol der Geistigkeit und des
Göttlichen. Pegasus ist einzigartig. Man-
che Legenden gehen davon aus, dass er ein Sohn des Posei-
don ist, den dieser mit Demeter zeugte, als sie ihre Tochter
bei ihm suchte. Sie verwandelte sich in eine Stute, und Posei-
don trat ihr als Hengst entgegen. Taucht Pegasus als Krafttier
auf, erinnert er den Menschen an dessen Einzigartigkeit und
Göttlichkeit.

Phönix

Der Phönix ist eines der bekannteren
Fabeltiere. Er taucht bei Herodot zum ersten Mal auf. Doch geht die Vorstellung vom
goldenen Wundervogel wahrscheinlich
auf alte ägyptische Mythologien/Erzäh-
lungen zurück. Der Phönix ist bis in die
christliche Mystik hinein ein Bild für die Verjüngung und Auferstehung. In einer frühen Fassung der Legenden entsteht aus
dem alten Vogel nach dessen Tod ein Wurm, aus dem dann
wiederum ein junger Vogel wird. Später entwickelte sich dann
die bis heute bekannte Legende vom Phönix, der sich jung
und kraftvoll aus seiner Asche erhebt, nachdem er den Feu-
ertod gefunden hat. Nicht aufzugeben und immer wieder auf-
zustehen ist die Aufforderung dieses Krafttiers, wenn es sich
einem Menschen anbietet.

Rock

Einer persischen
Legende nach lebte
der Riesenvogel Rock auf dem
Urberg und pflegte dort seine Jungen. Um sie zu ernähren,
holte er Elefanten und Kamele von den Menschen. Er galt als
so groß, dass er die Sonne verdunkeln konnte, wenn er die
Schwingen ausbreitete. Er kommt in manchen Mythen auch
als Flugtier für Helden vor. Rock begegnet nicht vielen Menschen, und doch kann es vorkommen, dass er als Ergebnis
einer Reise in die Innenwelt auftaucht und eine Botschaft
überbringt. Dann lautet sein Hinweis, sich der Urkraft der Freiheit zu besinnen und die eigene Kraft auszuleben, ohne dabei
Furcht zu empfinden.

Salamander

Der Salamander ist nur bedingt
ein Fabeltier. Er existiert real, und
dennoch taucht er in vielen alten Mythen immer wieder auf.
Seine Präsens in der Welt der Sagen und Legenden ist stark,
deshalb wird ihr an dieser Stelle Rechnung getragen. Der Salamander gilt in der Mythologie als feuerfestes Tier. Er kann
durch das Feuer gehen, ohne sich zu verbrennen. So gelingt
ihm Transformation (siehe auch Kapitel „Tiere an Land").
Gleichzeitig gilt der Salamander aber auch als extrem giftig.

Schlange

Auch die Schlange ist nur bedingt als Fabeltier zu sehen. Sie ist schließlich als reales Tier auch bei den „normalen" Krafttieren zu finden (siehe Kapitel „Tiere an Land"). Als Fabeltier taucht sie in der biblischen Geschichte vom Sündenfall auf. Ihre Rolle dort ist allen bekannt. Doch es gibt noch viele andere Fabeln und Mythen, in denen die Schlange vorkommt. Darüber hinaus gibt es noch weitere schlangenartige Fabelwesen, die unter ihren Fabelnamen in diesem Kapitel dargestellt sind (zum Beispiel Drache, Leviathan, Midgardschlange). Grundsätzlich ist die Schlange immer eine Aufforderung zur Wandlung. Der Mensch, dem sie erscheint, soll begreifen, dass seine bisherigen Grenzen gesprengt werden müssen, weil er selbst darüber hinausgewachsen ist.

Simurgh

Der Simurgh ist eine wundersame Mischung aus verschiedenen Vögeln. Er hat metallisches Gefieder, die Krallen eines Geiers und den Schweif eines Pfaus. Außerdem hat er zwei Flügelpaare. Als König der Vögel lebt er im Baum des Wissens. Es ist eine sehr schöne Legende überliefert, die die Rolle des Simurgh näher beschreibt: Eines Tages sollen die Vögel sich nach einer neuen Ordnung gesehnt und entschieden haben, den Simurgh, ihren König, aufzusuchen. Doch ihre Reise führte sie durch sieben Meere und durch sieben Täler. Das vorletzte Meer hieß Schwindel, das letzte Meer hatte den Namen

Vernichtung. Nur dreißig Vögel überlebten die Strapazen und erreichten den Ort, an dem Simurgh lebte. Doch als sie den Weltenvogel erblickten, erkannten sie wie durch ein Wunder, dass jeder Einzelne von ihnen der Weltenvogel ist. Ihnen wurde bewusst, dass sie alle dem Simurgh gleich waren. Der Sage nach soll der Simurgh 1700 Jahre lang leben, dann verbrennt er sich selbst und ersteht als junger Vogel wieder auf. Hier können wir Ähnlichkeiten zur Phönix-Sage erkennen.

Das besondere an der Legende um den Simurgh ist, dass er keine Alleinstellung für sich beansprucht. Die dreißig überlebenden Vögel, die sich zuerst als seine Untertanen fühlen, erlangen die Erkenntnis, ihrem König gleich zu sein. Auch jeder Einzelne von uns Menschen trägt die Würde eines Königs und einer Königin in sich, wenn er sie erkennen kann. Um diese Würde in uns zu spüren, brauchen wir den direkten Kontakt zum Universum. Dabei hilft die folgende Übung.

Übung:

Da es sich hier um eine starke Übung zur Visualisierung handelt, sollte sie nicht einfach im Alltagsgeschehen untergehen. Deshalb reinige dich zuerst und suche dir einen Ort im Freien aus. Ein König und eine Königin sind sicher unter dem Dach des Himmels, sie fürchten die Öffentlichkeit nicht. Du brauchst Salz, um einen Schutzkreis um dich herum zu ziehen. Außerdem solltest du mindestens eine Kerze anzünden. Wenn du magst, führe eine Räucherung mit Lorbeer durch. Kleide dich entweder in Rot oder in Blau, beide sind königliche Farben. Zieh deinen Schutzkreis und zünde die Kerze an. Wenn du räuchern willst, dann gib jetzt Räucherwerk auf die Räucherkohle. Stelle dich aufrecht hin und

sprich das folgende Mantra, während du beide Arme nach oben ganz gerade zum Himmel streckst:

Mir ist das Universum offen, und die Kraft der Sonne fließt in mir. Ich bin König(in) in meinem Reich, Universum, ich danke dir.

Fühle dieses Mantra und nimm wahr, wie Kraft in Form von goldenem Licht in deinen Scheitel fließt, um dann bis in deine Füße hinein deinen ganzen Körper zu durchströmen. Wenn du ganz und gar durchflutet bist, lass um deinen Scheitel herum einen Ring entstehen, deine Krone. Sie ist nicht nur ein Symbol für deine Königswürde, sondern auch eine Mahnung an dich, diese Kraft nicht sinnlos wegfließen zu lassen. Denn das ist eine wichtige Eigenschaft eines Königs und einer Königin – sie setzen ihre Kraft gezielt ein und gehen achtsam mit sich selbst und allem Leben um.

Tatzelwurm

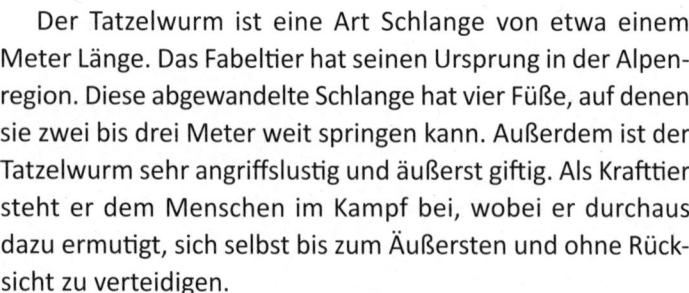

Der Tatzelwurm ist eine Art Schlange von etwa einem Meter Länge. Das Fabeltier hat seinen Ursprung in der Alpenregion. Diese abgewandelte Schlange hat vier Füße, auf denen sie zwei bis drei Meter weit springen kann. Außerdem ist der Tatzelwurm sehr angriffslustig und äußerst giftig. Als Krafttier steht er dem Menschen im Kampf bei, wobei er durchaus dazu ermutigt, sich selbst bis zum Äußersten und ohne Rücksicht zu verteidigen.

Vampir

Vampire sind Mischwesen aus Menschen und Fledermäusen. Sie sind Fabeltiere der Neuzeit. Sie haben so lange Menschengestalt, bis sich die Lichtverhältnisse verändern. Wird es dunkel, werden sie zu Blutsaugern, die in einigen Geschichten sogar fliegen können. Vampire sind unsterblich und existieren meist in der Welt der Toten. In den meisten Erzählungen werden sie entweder durch die Liebe von ihrem Los erlöst, dann werden sie sterblich, oder sie infizieren einen Menschen, der sie liebt, mit ihrer Daseinsform. Vampire hatten in den vergangenen Jahren Hochkonjunktur in Büchern und Filmen. Sie sind abschreckend und anziehend zugleich. Den natürlichen Vorbildern, den Fledermäusen, wird damit Unrecht getan. Trotzdem kannst du dich fragen, was es bedeuten kann, wenn ein Vampir bei deiner Suche nach einem Krafttier auftaucht. Musst du vielleicht deine Schattenseite akzeptieren? Sollst du lernen, weniger Rücksicht auf andere zu nehmen? Hier kommt es ganz darauf an, was der Vampir in eurem Kontakt aussagt. Wenn er dir erzählt, du seist seine große Liebe, nur leider wäret ihr in verschiedenen Welten zuhause, dann hast du zu viele Kitschfilme gesehen. Das wahre Krafttier wird selten eine Botschaft haben, die wir erwarten.

Wasserdrache

Der Wasserdrache ist, wie der Name sagt, ein Drache, der nicht in einer Höhle oder einem Wald haust, sondern das Wasser zu seinem Lebensraum gewählt hat. Andere Bezeichnungen für den Wasserdrachen sind

Meerdrache, See- oder Meerungeheuer und auch Meeres- oder Seeschlange. In die heutige Zeit hineingerettet hat sich das Ungeheuer von Loch Ness, um das herum in Schottland ein üppiger Tourismusmarkt betrieben wird. Dass ein Fabeltier im Wasser lebt, ist nur allzu verständlich, waren doch die Meerestiefen für die Menschheit weitgehend unergründlich. Genau genommen wissen wir auch heute noch nicht wirklich viel über diese verborgenen Welten. Der Wasserdrache war zuständig für Überflutungen und für Strudel. Ihm wurde es zugeschrieben, wenn Fischer nicht heimkehrten oder Schiffs- reisende ihr Ziel nicht erreichten. Das Besondere am Wasser- drachen ist, dass er zwei gegenteilige Elemente, nämlich Wasser und Feuer, miteinander verbindet. Das bedeutet, dass er die Gegensätze vereinen kann. Er lebt im Wasser, das sei- nem Feuer gegenüber feindlich ist. Er spuckt Feuer, das seinen Lebensraum Wasser vernichten kann. Der Wasserdrache ist daher geeignet zu lernen, Widerstände in sich selbst zu akzeptieren. Wenn er als Krafttier auftaucht, kann man sich glücklich schätzen, denn er kann helfen, unterschiedliche Energien zu bündeln.

Werwolf

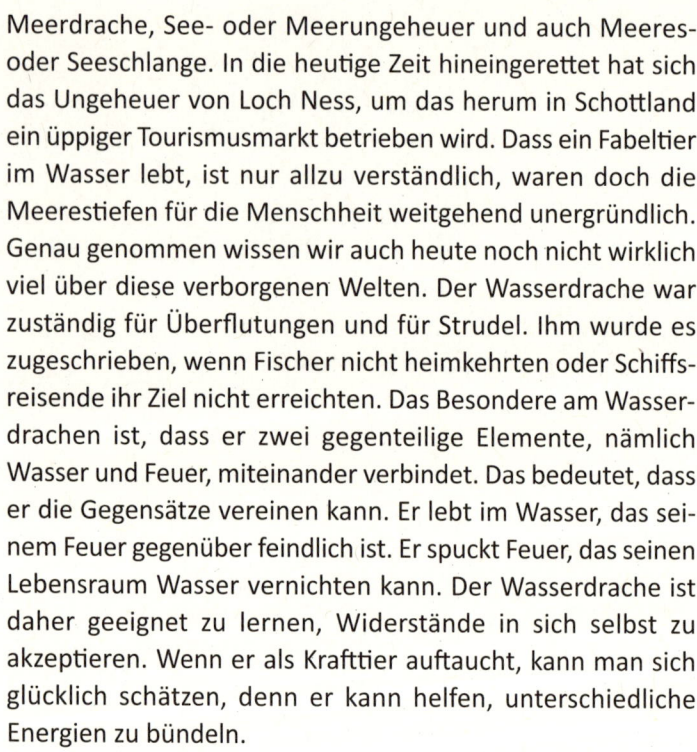

Auch der Werwolf gehört in die Welt der Fabeltiere, allerdings in die der mo- dernen. Werwölfe wurden kreiert, um die Angst vor dem dunklen Tier „Wolf" noch weiter zu vertiefen. Der Werwolf ist eine Kreuzung aus Mensch und Tier. Diese Kreuzung ist aber nicht physisch sondern zeitlich. Der Werwolf lebt ganz normal als

Mensch unter uns. Seine andere Seite kommt nur bei Vollmond zum Tragen. Dann wird er ein wilder Wolf, der seine Opfer meist tötet.

Hier zeigt sich deutlich die Angst des Menschen vor seinen inneren Anteilen. Wer den Roman „Der Steppenwolf" von Herrmann Hesse gelesen hat, wird das Bild erkennen. Auch Hesses Hauptperson hat einen Wolf in sich. Im Roman kommt es sogar dazu, dass der Wolf den Menschen zähmt, nicht umgekehrt. Der Werwolf stellt das Tierische in den Bereich des Furchtbaren und Bösen. Er steht für die Ängste vor dem eigenen Triebleben und dient damit wie die früheren Märchen und Fabeln der moralischen Erziehung: Lass dich nicht gehen, begib dich nicht in deine eigene Natur, es könnte etwas Schreckliches geschehen. Das bedeutet, dass der Werwolf als Krafttier dem Menschen ermöglichen will, auch seine dunklen Seiten anzunehmen und zu lieben.

mit dem krafttier den alltag bewältigen

Spiritualität nutzt nur, wenn sie das Leben bereichert und Entwicklung fördert. Wer eine spirituelle Arbeit macht, um so zu bleiben, wie er ist, hat „Geist" oder „Spirit" nicht verstanden. Spiritualität ist Geheimnis. Es ist eine Suche und eine Entdeckung. Niemand kann sagen, welches Etappenziel als nächstes erreicht werden kann. Das Ziel sollte auch auf keinen Fall vorher festgelegt werden. Wir sehen uns immer durch den Filter der eigenen Ratio. Das, was wir für uns als das Beste sehen, mag im Sinne der Schöpfung eine fatale Fehlentwicklung sein. Jede seelische Entwicklung soll dazu dienen, das Leben freudvoller und glücklicher zu erleben. Dabei sind Freude und Glück nicht an äußere Aspekte gebunden. Es geht um die Harmonie in der eigenen Seele. Leid ist eine menschliche Erfindung. Je mehr Erkenntnisse ein Mensch sammeln kann, umso weniger Schmerz wird er fühlen. Es kommt der Punkt, an dem Schmerz nicht mehr als etwas Unerwünschtes, Ablehnungswertes erfahren wird. Dann setzt die Akzeptanz der Endlichkeit ein, und der Mensch hat Reife erlangt.

Um diesen Prozess zu bewältigen, kann Krafttierarbeit hilf-reich und sehr erfolgreich sein. Gerade, wenn das reale menschliche Umfeld fehlt, fallen Problemlösungen oft schwer. Doch wer auf seine seelischen Energien zugreifen kann, ist in solchen Lebenslagen nicht einsam. Er kann allein, in dem Bewusstsein „Alles ist eins" seine Aufgaben bewältigen. Das hat noch den positiven Nebeneffekt der Unabhängigkeit.

Wie jeder Einzelne die Arbeit mit Tieren nutzen kann, um beruflich und privat neue und erfolgreiche Strategien zu ent-wickeln, zeigt dieses Kapitel. Hier geht es um die individuelle Aufgabe, die mit Hilfe einer Visualisierung bearbeitet werden kann. Diese Arbeit kann auch mit einem anderen als dem eigenen Krafttier durchgeführt werden. Wenn du das Bedürf-nis hast, bei deinen Geschwistern aus dem Tierreich um Unterstützung und Rat zu bitten, dann kannst du das je nach Fragestellung mit den folgenden Übungen tun. Ich habe mich bei ihrer Formulierung auf die häufigsten menschlichen Sorgen beschränkt.

Erschöpfung

Erschöpfung ist ein Phänomen unserer Zeit. Die moderne Erschöpfung hat häufig gar keine klaren Ursachen. Erschöp-fung ist, wenn die Motivation fehlt, seine Aufgaben zu bewäl-tigen und sich selbst zu versorgen. Doch woher kommt die Erschöpfung in einer Gesellschaft, in der die Menschen jeden erdenklichen Luxus haben? Die wenigstens von uns laufen Marathon, arbeiten rund um die Uhr oder erleben dauer-haften Hunger und Durst. Der Strom kommt aus der Steck-dose, das Wasser fließt von selbst, und wir haben geregelte

Arbeitszeiten. Und doch haben manche das Gefühl, unter ständiger Ermüdung zu leiden und keine Kraft mehr für das eigene Leben zu finden. Diese Erschöpfung kann länger anhalten, und manchmal geht sie selbst durch Schlaf und Urlaub nicht weg. Sie geht unter Umständen darauf zurück, dass es allgemein an Lebenskraft fehlt. Eine gedrückte Stimmung, wenig Freude und dadurch wenig Energie gehen damit einher. Manche beschreiben diesen Zustand mit der Empfindung, als seien ihre Akkus leer.

Um dieser Erschöpfung zu entgehen, sollte vor der Arbeit mit einer Qualität aus dem Tierreich erst einmal alles aus dem Leben entfernt werden, was die Lebensenergien niederdrückt. Es gilt, Energieverschwendung gegen Energiegewinn auszutauschen. Das bedeutet, sich in der frischen Luft aufzuhalten statt in geschlossenen Räumen, gesunde Lebensmittel zu essen statt Konservenkost und Fast-Food. Statt Alkohol, Nikotin und andere Suchtmittel (auch Zucker), sollten Früchte, Nüsse, Kräuter als Nahrung dienen. Kreativität statt Kommerz und Mensch statt Maschine sind ebenfalls notwendige Veränderungen. All das solltest du vorher in Angriff nehmen, denn das Tier will nicht deine Arbeit erledigen. Als Tiere zu deiner Unterstützung eignen sich der Schmetterling, die Schwalbe und der Delfin. Es gibt noch viele weitere Tiere, die dir hier zur Seite stehen können, aber die ausgewählten sind in jedem Fall geeignet.

Der Schmetterling vermittelt Leichtigkeit. Manchmal rührt Erschöpfung auch daher, dass man meint, man sei besonders wichtig. Wer glaubt, dass andere nicht allein zurechtkommen, nimmt sich selbst zu wichtig. Verantwortung für andere zu tragen ist nicht unsere Aufgabe. Ausnahmen bilden hier Kinder und andere hilfsbedürftige Personen. Auch Perfektionismus kann zu einer schweren Erschöpfung führen, die sogar chronisch werden kann.

Der Schmetterling lebt und erfüllt seine Aufgaben, doch er lebt in Leichtigkeit. Ein kleiner Trick, sich der Leichtigkeit des Schmetterlings zu nähern, liegt schon in der eigenen Sprache. Wörter wie „Problem", „Arbeit", „Stress" können ersetzt werden durch andere, leichtere Wörter, die weniger negativ besetzt sind. Hier sollte sich jeder Mensch selbst kontrollieren. Probleme können nämlich auch Aufgaben sein und Stress darf durchaus auch als Konzentration bezeichnet werden. Unsere Gedanken und unsere Worte bestimmen unser Lebensgefühl. Das dürfen wir gerade dann nicht vergessen, wenn wir uns nach Schutz und Schonung sehnen.

Der Delfin ist fest in seine Sippe eingebunden. Er kennt seine Aufgaben ganz genau und muss sich nicht fragen, was als Nächstes zu tun ist. Ihm kannst du dich zuwenden, wenn du deine Aufgaben nicht klar erkennen kannst oder einfach alles über dir zusammenbricht. Bitte in einer Visualisierung einen Delfin, dir zu zeigen, was für dich zu tun ist. Lass von den anderen Aufgaben ab, sie gehören nicht in deinen Bereich.

Die Schwalbe als letztes der von mir genannten Tiere folgt ihrer Intuition. Sie ist die erste, die den Winter kommen spürt. Und solange es warm ist, genießt sie ihr Leben. Sie kennt den Unterschied zwischen Arbeit und Feiern sehr genau.

Überforderung

Überforderung hängt oft mit Erschöpfung zusammen. Es gibt eine klar erklärbare Überforderung, aus dem der Lebenskontext zu erklären ist. Hier braucht es den Mut, die Überforderung abzulegen, indem man die Situation verändert. Manchmal ist aber nicht klar, woher die Überforderung kommt. In beiden Fällen braucht man für die ersten Schritte der Entlastung Kommunikation. Entlastung geschieht durch ein deutliches Nein, wenn Belastung angeboten wird. Gerade Frauen leiden häufig unter Überlastungen, sie können sich verbal meist weniger gut ablehnend äußern. Welches Tier kann uns Kommunikation lehren? Zuerst denken wir hier wahrscheinlich an Delfine. Doch auch die Fledermaus verfügt über einige Tricks und Kniffe, die wir uns genauer anschauen sollten. Sie kommuniziert mit ihrer Umgebung und erhält grundsätzlich ein Feedback, dass ihr die Richtung weist.

Übung:

Stell dir vor, du bist Schüler oder Schülerin der Fledermaus. Du hast deine Augen verbunden und gehst einen Tag lang blind durch dein Leben. Visualisiere, welchen Menschen du begegnest. Welche Gefühle hegst du für jeden Einzelnen? Als Fledermaus strahlst du diese Gefühle aus und erhältst ein Echo. Wenn du ein harmonisches, wohlklingendes Echo haben willst, musst du einen Wohlklang aussenden. Wenn du Disharmonien aussendest, wirst du sie ebenfalls zurückbekommen. Wie sieht dein Weg an diesem einen Übungstag aus? Wirst du von positiven Aspekten geleitet? Oder stößt du auf unangenehme Widerstände? Was solltest du an deinen Gedanken verändern, damit dein Weg hell und freundlich ist?

Konflikte im Privatleben

Konflikte, die wir außen erleben, sind Bilder von Konflikten, die in unserem eigenen Unbewussten toben. Wir können nicht wahrnehmen und erkennen, was nicht in uns ist. Daher liegt die Ursache für Konflikte in uns selbst. Diese Grundlage sollten wir bei der Lösung von Konflikten immer im Auge behalten. Private Konflikte sind besonders schwer zu ertragen. Gerade im privaten Bereich, unserer Höhle, wollen wir Schutz und Geborgenheit erfahren. Leider ist das nicht immer gegeben. Wenn es private Konflikte gibt, dann können Wesen aus dem Reich der Tiere nur dabei helfen, uns selbst zu verändern. Es gibt kein Tier, dass eine Beziehung kittet oder der bösen Schwiegermutter erklärt, wie sie sich verhalten soll. Wenn wir uns verändern, dann verändert sich auch die Umwelt, und der Konflikt kann sich auflösen.

Beziehungskonflikte

Beziehungskonflikte können das seelische Gleichgewicht sehr stören. In einer disharmonischen Beziehung kann ein Mensch keine Geborgenheit empfinden. Er verliert Kraft und Stabilität. In einer solchen Situation sollte ein Helfer aus dem Tierreich da sein, damit wir Unabhängigkeit und innere Stärke finden. Ich empfehle für diesen Fall eine Bartagame. Sie wechselt ihr Geschlecht abhängig von der Wärme und der Helligkeit, in der sie lebt. Sie kann also die weibliche und die männliche Seite im Leben darstellen. Die Bartagame findet sich im Kapitel für Krafttiere bei den Eidechsen (siehe Kapitel „Tiere an Land", Seite 94). Wenn sie helfen soll, dann kann dich die Übung unten unterstützen. Das zweite Krafttier, das für diesen Fall hilfreich ist, ist die Katze. Hier ist aber besondere Vorsicht geboten, denn Katzen sind leider in der Gefahr, vermenschlicht und missbraucht zu werden. Wem die Katze helfen soll, der muss ihre bedingungslose Autonomie akzeptieren.

Übung:

Wenden wir uns der Bartagame zu. Sie hat eine erstaunliche Eigenschaft. Die Bartagame kann das Geschlecht wechseln, und zwar abhängig von den Lichtverhältnissen, in denen sie lebt. Menschen haben sowohl männliche als auch weibliche Eigenschaften, und zwar vollkommen unabhängig vom biologischen Geschlecht. Gerade in Beziehungskonflikten geht es häufig um enttäuschte Erwartungen. Der Partner versagt in seiner männlichen oder seiner weiblichen Rolle. Wenn wir lernen, unseren Mangel dadurch auszugleichen, dass wir diese Erwartungen an uns selbst stellen, können viele Trennungen vermieden werden. Stell dir im Konflikt vor, was du als Lösungsanteil von der Frau und was du vom Mann erwartest. Überlege dann, ob du nicht beide Rollen erfüllen könntest, wenn du wolltest. Nimm zwei Spielfiguren zur Hilfe. Lass dir von der männlichen und von der weiblichen Seite sagen, was du tun kannst, um den Konflikt beizulegen. Lebe einfach beide Anteile in dir selbst. Dann erreichst du Befriedigung und kannst dich deinem Partner wieder ausgeglichen nähern.

Konflikte mit Eltern

Mit den eigenen Eltern im Konflikt zu stehen ist eine Lebensbelastung. Seine Eltern sollte man respektieren und sie ehren. Wenn es zu Konflikten kommt, dann kann das dadurch geschehen, dass die beiden Generationen zu wenig Verständnis füreinander aufbringen. Verständnis und Klarheit im Umgang mit den Eltern kann der Wolf vermitteln. Er löst sich rechtzeitig ab, bis dahin leistet er aber die erforderliche Unterstützung im Familiensystem. Das Wolfsjunge der ersten Generation weiß, wann es zu gehen hat. Es gesteht den Elternwölfen volle Kompetenz und Lebensfähigkeit zu. Umgekehrt gilt das ebenso. Wölfe sind verwandt, aber nicht unzertrennlich. Sie begleiten sich für eine Weile, dann gehen sie getrennte Lebenswege. Das sollten wir uns genau anschauen, wenn wir meinen, unsere Eltern kämen mit ihrem Leben nicht zurecht, oder wenn wir uns von den Eltern bevormundet sehen.

Konflikte mit Kindern

Noch belastender als der Konflikt mit den Eltern ist ein schlechtes Verhältnis zu den eigenen Kindern. Hier können schnell Schuldgefühle und Selbstzweifel entstehen. Für seine eigenen Kinder will man das Beste, und man wünscht sich, von seinen Kindern geliebt zu werden. Doch befreit uns das nicht davon, auch unseren Kindern Grenzen aufzuzeigen und unsere Selbstbestimmung zu verteidigen. Als Eltern sind wir aufgefordert, unsere Kinder als eigenständige Persönlichkeiten zu sehen. Sie treten nicht in unsere Fußstapfen, Kinder haben ihre eigenen Schuhe. Niemand hat in der Hand, wie die eigenen Kinder sich entwickeln. Gerade dieser Respekt macht es möglich, Kindern Freiheiten für ihre Entwicklung zu geben. Eltern müssen lernen, dass die Kinder nicht ihr Lebensinhalt sind. Das ist in einer Gesellschaft der Nesthocker und Karrierekinder sehr schwer.

Wer sich mit dem Wolf befasst, kann hier eine Lösung finden. Dieses Tier pflegt seine Jungen, aber sie müssen das Rudel verlassen, wenn sie alt genug sind. Das kann uns Menschen ein Vorbild sein.

Konflikte mit Freunden

Freunde sind oft wie Geschwister für uns. Sie sind die Familie, die wir uns als Erwachsene selbst aussuchen. Wir können zwar wütend sein und Freundschaften kündigen, aber wir fühlen uns damit meist nicht wohl. Ein Freund, den wir verloren haben, hinterlässt ein ungutes Gefühl. Die Lücke, die in unserem Gefühlsleben entsteht, lässt sich nicht so ohne Weiteres schließen. Zusätzlich verlieren wir Vertrauen zu den Mitmenschen, wenn wir Situationen der Enttäuschung in unserem Leben ansammeln, ohne sie zu verarbeiten. Das geeignete Krafttier für Konflikte mit Freunden sollte über Treue und Zuverlässigkeit verfügen. Der Esel in seiner Zielorientiertheit eignet sich für eine Visualisierung.

Übung:

Stell dir vor, du sitzt auf einem Esel, der dich zu deinem Freund bringen soll. Der Esel kennt den Weg, und du siehst links und rechts am Wegesrand immer wieder reizvolle Angebote: eine Kaffeebude, eine schattige Parkbank, einen Eiswagen. Was immer du willst, ist dort auf dem Weg verteilt. Du willst den Esel anhalten und eine Pause machen. Versuch es nur. Der Esel wird deine Befehle nicht einmal wahrnehmen. Er kennt den Auftrag und das Ziel. Er bringt dich zu deinem Freund. Wenn du angekommen bist, bedanke dich beim Esel und vergiss nicht, ihn zu fragen, was du für ihn tun kannst.

Wirtschaftlicher Mangel

Geldnot kann sehr belasten. Wenn dann auch noch Schulden vorhanden sind, kann es sogar zu grauen Haaren oder schlaflosen Nächten kommen. Hier brauchen wir eine Lösung, die mit Verwurzelung und echter Körperkraft zu tun hat. Echter wirtschaftlicher Mangel raubt die Lebensfreiheit. Wer wirklich unter einer unüberwindbaren Schuldenlast zu leiden hat, sollte sich ganz konkrete fachliche Hilfe holen. Um aber zu verhindern, dass Geldsorgen das tägliche Brot werden, muss der Mensch etwas lernen. Er muss sich erden und das Leben auch auf körperlicher Ebene lieben lernen. Wie wäre es, einmal in Gedanken mit der Elster einen Ausflug zu machen? Welches Glitzern kann deinen Ehrgeiz entfachen, und was motiviert dich, deine Energien in Geld umzuwandeln? Finde es heraus, und dann mach dich auf den Weg.

Konflikte im Beruf

Das Berufsleben ist in der mittleren Lebensphase ein Lebensschwerpunkt. Die meisten Menschen sehen den Beruf als Erfüllung persönlicher Bedürfnisse. Nicht nur der finanzielle Aspekt spielt eine Rolle sondern auch die Entwicklung der Persönlichkeit. Im beruflichen Bereich können wir zeigen, was in uns steckt und viele Wachstumschancen nutzen. Der Beruf von heute ist das Jagen und Sammeln unserer Vorfahren. Aber es gilt der alte Spruch: „Wir leben nicht, um zu arbeiten. Wir arbeiten, um zu leben." Der falsche Arbeitsplatz ist eine so massive Einschränkung, dass sofort Abhilfe geschaffen werden sollte. Wir sollten so arbeiten, wie wir leben wollen. Niemand kann auf zwei Hochzeiten tanzen, und deshalb ist es sehr wichtig, dass das berufliche und das private Leben aus einem Guss sind.

Wer wie eine Maus oder ein Hamster nicht die Loyalität dem Arbeitgeber gegenüber vor Augen hat, sondern nur seine eigene Versorgung, kann schneller loslassen und sich umorientieren. Auch das Schaf würde nicht bleiben, wenn eine Wiese abgegrast wäre. Diese Tiere sind wichtige Vorbilder in einer solchen Konfliktsituation.

Orientierungslosigkeit

Nicht zu wissen, wohin man beruflich gehört, ist ein großes Problem. Wer nicht den passenden Arbeitsplatz findet, muss damit leben, Tag für Tag etwa ein Drittel seiner Zeit am falschen Ort zu sein und sich unwohl zu fühlen. Das kann Lebenskraft kosten und geht zu Lasten der Lebensfreude. Ganz eindeutig heißt er hier, die Wiese zu wechseln wie das Schaf.

Dafür muss der Mensch sich auf die Suche machen, statt über den falschen Platz zu klagen.

Konflikte mit Kollegen

Eine gewisse Grundharmonie ist wichtig, um sich während der Arbeit wohl zu fühlen und leistungsfähig zu sein. In der heutigen Arbeitswelt gibt es immer wieder Fälle von Mobbing. Das Phänomen der Schikane am Arbeitsplatz nimmt zu. Dabei handelt es sich nicht einfach nur um unfreundliche Zeitgenossen. Oft sind die Arbeitsbedingungen selbst die Auslöser für die Missstimmungen in der Belegschaft.

Konflikte mit Vorgesetzten

Nicht jede Führungskraft hat ein gutes Händchen für den Umgang mit Menschen. Es gibt Vorgesetzte, die ihre Stellung ausnutzen, um Untergebene zu unterdrücken und Machtspiele zu initiieren. Selbst Chefs, die ihre Sekretärinnen zum Sex zwingen und bei Weigerung mit Kündigung drohen, kommen vor. Arbeiten unter solchen Umständen ist schlicht unmöglich, und wer sich in einer solchen Situation an ein Krafttier wendet, will lernen loszulassen. Konflikte mit Vorgesetzten sind meist nicht lösbar, es sei denn, man hat einen sehr langen Atem. Doch ein Kampf ist mühevoll und zeitraubend, niemand weiß, wie er ausgeht, und jeder sollte sich gut überlegen, ob er sich mit solchen Sorgen belasten will.

Ähnlich wie bei den anderen Aufgaben aus der Arbeitswelt ist auch hier das Schaf das geeignete Krafttier. Vielleicht hilft aber auch die Beschäftigung mit der Maus, die sich nicht auf Konflikte einlässt, sondern nur ihre eigene Nahrung sucht.

Einsamkeit

Einsamkeit hat nichts mit dem Allein-Sein zu tun. Menschen brauchen Zeit, die sie allein verbringen, um sich zu finden und den Kontakt zu sich selbst und zur Schöpfung zu fühlen. Einsamkeit ist ein Leid, das auf Dauer sogar krank macht. Die Vereinsamung nimmt in der modernen Gesellschaft immer weiter zu. Wer das Gefühl hat, niemanden an seiner Seite zu haben, wird schnell einsam. Freunde, Vereine und Kollegen können die Einsamkeit meist nicht verhindern. Es geht um die echte, tiefe Verbindung zu einem anderen Menschen. Dieser Artgenosse ist wichtig, denn nur mit ihm kann schrankenlose Intimität gelebt werden. Das gilt sowohl für die körperliche als auch für die seelische Ebene und vor allem für die mühelose Verständigung untereinander. Dieser Kontakt gibt Vertrautheit und Geborgenheit. Wer einsam ist, entwickelt Minderwertigkeitsgefühle und Selbstzweifel, und das Leben verliert an Sinn. Manchmal ist es ratsam, einen Arzt oder einen Therapeuten einzuschalten, denn Einsamkeit kann ein Grund für körperliche und seelische Erkrankungen bis hin zum Suizid sein. Sowohl Haustiere als auch Krafttiere ganz allgemein können helfen, die Einsamkeit zu überstehen. Sie können die Einsamkeit aber nicht beheben. Wer einsam ist, sollte lernen, menschliche Kontakte zu finden und zu pflegen. Hier kann ein Rudeltier vielleicht zur Seite stehen, um den Weg dahin aufzuzeigen. Das Wolfsrudel aber zum Beispiel ist ungeeignet, denn dort finden nur direkte Blutsverwandte Aufnahme. In Zeiten, in denen Familien immer kleiner werden und sich in Auflösung befinden, kann Einsamkeit entstehen. Manchmal macht sogar gerade die Familie einsam, nämlich dann, wenn Frauen beispielsweise ganz in der Mutterrolle aufgehen und mit ihren eigenen seelischen Bedürfnissen auf der Strecke bleiben. Löwen und Rotwild haben Rudel aus mehreren Familien. Sie leben in einer strengen Hierarchie und teilen alles, was zum Leben notwendig ist. Ein solches Rudel sollte der Mensch sich aufbauen, um Einsamkeit zu mildern.

Trennung und Tod von Angehörigen

Selbstverständlich ist der Tod eines Angehörigen eine schwere Prüfung für den Menschen. Fast genauso schlimm ist die Trennung. Dabei kommt es darauf an, ob es sich um Partner, Eltern oder eigene Kinder handelt oder um entferntere Verwandte. Je näher man dem anderen im Leben stand, umso schmerzlicher ist der Prozess des meist unfreiwilligen Loslassens. Die eigenen Kinder oder den Lebenspartner zu verlieren kann zu einer existentiellen Krise werden. Ein Krafttier kann hier nur durch Trost begleiten und vor allem dabei helfen, die eigene Stabilität und Erdung im Leben wiederzufinden.

Loslassen ist eine grundlegende Lebensaufgabe. Die Eidechse ist ein guter Ratgeber in einer solchen Lebenssituation, denn wer beispielsweise seinen Partner oder seine Kinder gehen lassen muss, betritt dadurch meist eine ganz andere Stufe der persönlichen Entwicklung. Auch der Fisch hat einen guten Rat in dieser Trauerzeit. Trauer ist Gefühl und der Mensch sollte lernen, auch dieses Gefühl ungehindert und unzensiert zuzulassen. Das hat nichts damit zu tun, in Selbstmitleid zu ertrinken. Es geht vielmehr darum, in jedem Gefühl eine Motivation zu sehen, nach vorn zu gehen und den nächsten Schritt zu tun. Und der Schmetterling kann dabei helfen, anderen die Möglichkeit zur Wandlung zu lassen und sie in Liebe gehen zu lassen.

Übung:

Visualisiere, wie du deinen Angehörigen auf einen schönen, langen Spaziergang mitnimmst. Stelle ihm alle Fragen, die zwischen euch beiden noch offen sind. Die Zeit spielt keine Rolle, ihr erlebt eine innige und harmonische Begegnung. Wenn du für dich mit den Antworten zufrieden bist und innere Sicherheit gewonnen hast, stell dir vor, ihr geht auf eine Mauer zu. Die Mauer ist weiß und in ihr ist ein großes, weißes Tor. Verabschiede dich und lass den geliebten Menschen durch das Tor gehen. Sag ihm ruhig, dass du traurig bist oder er dir fehlen wird. Abschied hat mit Tapferkeit nichts zu tun. Segne ihn für seinen neuen Weg. Wenn du danach irgendwann wieder das Gefühl hast, Kontakt zu ihm zu brauchen, dann triff dich mit ihm an diesem Tor. So habt ihr beide die Freiheit, euch eure Lebensbereiche zu gönnen, und behindert euch nicht gegenseitig.

Fehlende Freunde

Fehlende Freunde sind ein weit verbreitetes gesellschaftliches Phänomen. Freunde wurden ersetzt durch „Kumpels" und virtuelle Kontakte. In einer Zeit voller Druck und Zeitnot ist es sehr schwer, Freundschaften zu pflegen. Hinzu kommt ein immer größer werdendes Misstrauen gegen andere Menschen gegenüber und der Verlust der Offenheit gegenüber Menschen, die man nicht kennt. Manche TV-Formate suggerieren, dass in jedem Kontakt ein Risiko steckt und der Feind an jeder Ecke lauert. Das sind schlechte Voraussetzungen für den Aufbau eines Freundeskreises. Dabei sind Freunde wichtig, weil sie konstruktive Kritik üben können und Anerkennung

geben. Die Familie allein reicht nicht aus, um das Bedürfnis nach vertrauten Menschen zu stillen. Mit Freunden teilt man Interessen, man ist willkommen, ohne verpflichtet zu sein, und hat eine zuverlässige Größe im Leben. Der Hund ist das geeignete Krafttier für diese Lebenssituation.

Übung:

Stell dir vor, wie du mit einem Hund umgehen würdest, wenn du einen hättest, oder frage dich ganz real, wie du deinen Hund behandelst, wenn du bereits Hundehalter bist. Bist du konsequent und setzt klare Grenzen? Oder gehörst du eher zu den labilen und wankelmütigen Menschen? Menschen wollen Klarheit und Verlässlichkeit. Dazu gehört in allererster Linie, dass du klar abzugrenzen bist und greifbar wirst. Schwimmende Konturen machen unsicher, und Unsicherheit verhindert Freundschaften.

Fehlende Kontakte

Der Mensch ist als „ens sociale" (lat. für „soziales Wesen"; griech. „zoon politikon") geboren. Das bedeutet, dass das soziale Netz zu den wichtigsten Lebensbedingungen gehört. Die meisten Menschen brauchen drei Bereiche mit Kontakten: zuerst den intimen Bereich, Familie und Beziehung. Etwas Abstand hat man zum Bereich der Freunde, und den weitesten Bereich bilden die Kontakte. Die einzelnen Personen im Umfeld können die Bereiche wechseln. Ein Freund kann zum Partner werden, ein Kontakt zum Freund usw. Kontakte helfen, neue Impulse zu bekommen und seine eigene Wirkung auf Menschen wahrzunehmen. Wer keinen Kontakt aufnehmen kann, fühlt sich oft isoliert. Ein Verlust der Selbstsicherheit kann die Folge sein. In schlimmen Fällen führt Kontaktarmut zu Sprachstörungen, nervösen Störungen und Konzentrationsschwächen. Der Familie bleibt die Ursache oft verborgen. Schon Kinder, gerade wenn sie zu stark medienfixiert sind, können unter den Symptomen leiden. Ein Verlust der Sozialkompetenz ist meist absehbar, wenn nicht gegengesteuert wird.

Wenn ein Mensch Mängel im Sozialen hat, dann empfiehlt sich eine Krafttiersuche, denn das Krafttier bringt vielleicht ans Licht, welche Kompetenz diesem Menschen fehlt, um sozial erfolgreicher zu werden.

Minderwertigkeitsgefühle

Minderwertigkeit scheint ein Gefühl zu sein, das die moderne Gesellschaft wie ein Virus befallen hat. Stolz auf sich selbst zu sein oder seine eigenen Leistungen zu betonen ist verpönt. Man will niemanden verletzen und sich nicht in den Vordergrund drängen. Das ist krank. Der Mensch will wie jedes andere Lebewesen zur Sonne, niemand steht gern im Schatten. Tiere würden sich nie hinten anstellen oder auf Wachstum verzichten. Wie stark muss das Wachstumsgen geschädigt sein, damit ein Lebewesen es als schicklich empfindet, klein und schwach zu sein? Oder ist es die gesellschaftliche Prägung, die den Einzelnen klein hält, damit er ein guter Mangelkonsument wird und bleibt?

Körperliche Minderwertigkeitsgefühle

Fast niemand ist mit seinem Körper vollkommen zufrieden. Die Tiere leiden darunter, dass Menschen ihren Körper mit Pelzen aufputzen wollen, Straußenfedern an ihren Hüten brauchen und sich auch sonst gerne im Tierreich bedienen, weil sie sich als Menschen nicht genügen. Glücklicherweise ist derzeit ein neuer Trend angezeigt. Man lässt sich beispielsweise Kunststoffpolster einbauen, um schöner zu sein, als man sich fühlt. Es ist schon komisch – die Ente watschelt ohne Scham, der Schimpanse verzichtet problemlos auf die Ganzkörperrasur. Was treibt den Menschen an, sich unschön zu fühlen? Meist ist es nicht das Aussehen, das einen Menschen unbeliebt macht. Meist sind es Verhaltensweisen oder Gewohnheiten, die ihn isolieren. Doch es wäre ein gutes Alibi, alles auf die Oberweite oder die kurzen Beine schieben zu können. Menschen haben die Tendenz, sich zu verstecken. Kein anderes Säugetier kommt auf diese Idee. Ein Krafttier zu finden, dass dir bei einem Problem hilft, dass außerhalb deines eigenen Horizontes liegt, ist nicht leicht. Aber es gibt Tiere, die ihr Selbstbewusstsein und ihren Körper mit Wonne zur Schau stellen. Da ist zum Beispiel der Pfau, der nichts unterlässt, um körperlich zu beeindrucken. Vielleicht kann er dir dabei helfen, deine Schönheit zu präsentieren, ohne an dir zu zweifeln.

Übung:

Visualisiere dich auf einer weiten grünen Wiese. Vor dir liegt ein Schloss mit einer großen Schlosstreppe. Aus diesem Schloss tritt ein Pfau heraus und geht dir langsam Stufe für Stufe entgegen. Begrüße ihn freundlich und bitte ihn, dir zu helfen. Suche mit ihm deine schönsten körperlichen Merkmale. Was würde ihm auffallen? Woraus würde er sein „Rad" machen, wenn er in deinem Körper steckte? Wenn er dir deine Schönheit gezeigt hat, bedanke dich bei ihm und vergiss nicht zu fragen, was du für ihn tun kannst. Folge dem Rat des Pfaus direkt und ohne zu zögern. Überwinde dich und lerne, eben diese besonderen Merkmale herauszustellen. Sind es deine Augen? Dann betone sie. Bist du von deinen Händen begeistert? Pflege und schmücke sie. Zeig, was du hast, und erfreu dich an dir und deiner Wirkung. Sei ein eitler Pfau, es gibt keinen Grund, deine Schönheit zu verbergen.

Intellektuelle Minderwertigkeitsgefühle

Es ist immer wieder erschreckend, wie viele Menschen sich selbst für dumm halten. Bis in die heutige Zeit existiert ein Graben zwischen Menschen mit unterschiedlicher Schulbildung. Intelligent zu sein, einen klugen Kopf zu haben, ist für uns genauso wichtig wie die körperliche Attraktivität. Dummheit möchte niemand zu seinen Eigenschaften zählen. Bildung ist heute ein Prestigeobjekt, und viele versuchen in billigen Online-Tests einen möglichst hohen IQ zu erreichen. Doch zu einem wachen Geist führt nur ein einziger Weg – und zwar das Training. Ein ungenutztes Gehirn baut ab, da nützt auch die größte Anfangsintelligenz nichts. Und hier kann ein fleißiges, bescheidenes Tier sehr gut helfen. Schlüpfe für eine Weile in die Haut einer Ameise. Trage geistige Impulse

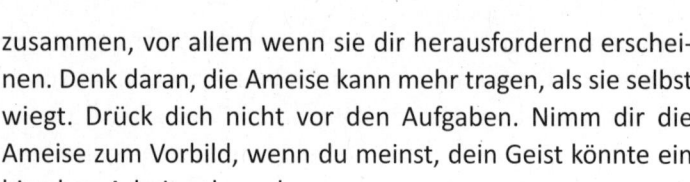

zusammen, vor allem wenn sie dir herausfordernd erscheinen. Denk daran, die Ameise kann mehr tragen, als sie selbst wiegt. Drück dich nicht vor den Aufgaben. Nimm dir die Ameise zum Vorbild, wenn du meinst, dein Geist könnte ein bisschen Arbeit gebrauchen.

Materielle Minderwertigkeitsgefühle

Nach modernen Untersuchungen macht Armut krank. In unserer Gesellschaft nimmt die Armut in vielen Bevölkerungsgruppen zu. Armut ist ein Gefühl, dass meist von Scham begleitet ist. Manche verstecken diese Scham hinter Trotz. Armut heißt, dass man nicht stabil genug auf seinen Füßen stehen kann, um sich selbst zu versorgen. Sie hat mit fehlender Verwurzelung und mit Lebenskraft ganz allgemein zu tun. Sich arm zu fühlen führt unweigerlich in die soziale Isolation. In unserer Gesellschaft wird allerdings ein Zustand als Armut bezeichnet, der in den meisten Teilen der Erde als Reichtum gesehen wird. Aber es hilft alles nichts, wir leben in dieser Gesellschaft, und unsere Maßstäbe richten sich danach. Es ist wie bei den Bäumen, um im Bild der Wurzeln zu bleiben. Manche müssen auf steinigem Grund stehen, andere haben grandiose Waldböden zur Verfügung. Trotzdem wird Armut nicht zugegeben, und viele verdrängen sie durch die Flucht in eine Sucht. So kann ein Teufelskreis beginnen, der schwer zu durchbrechen ist.

Es gibt kein Krafttier, das Goldtaler verschenkt oder Lottozahlen weissagt. Aber es gibt Tiere, von denen wir Geduld und Ausdauer lernen können, um unsere Armut in Reichtum zu verwandeln. Unermüdlichkeit ist eine Eigenschaft, die viele Vögel besitzen. Erst wird geduldig wochenlang gebrütet, und dann werden die Eltern nicht müde, den Nachwuchs fast rund um die Uhr zu füttern. Woher nehmen sie die Kraft? Denken wir an die Amsel. Sie zeigt in besonderer Weise, dass es eine Kraftquelle gibt, die nicht versiegen kann. Sie kann helfen, die Kraft dafür zu finden, Armut zu überwinden.

Krankheit

Wenn unser Körper erkrankt, verlieren wir unsere innere Sicherheit. Wenn die Seele oder der Geist krank werden, beginnt oft ein Leiden, dessen Ende wir herbeisehnen, weil es nicht zu ertragen scheint. Wir verändern uns, wenn wir krank sind, und wünschen uns oft eine zweite Chance, um vieles anders zu machen. Wenn wir krank sind, merken wir, wie viel uns unsere Gesundheit wert ist. Zum großen Teil hängt unsere körperliche, geistige und seelische Fitness von unserer Lebensführung und unserer Ernährung ab. Wenn wir gut mit uns umgehen, werden wir schon viele Erkrankungen ausschließen können. Aber wir können uns auch nicht in Watte packen. Ein gutes Maß an Eigenverantwortung ist sicher der richtige Weg. Dadurch entgehen wir Schuldgefühlen und Gedanken der Reue, die den Zustand nicht verbessern würden.

Die Fähigkeit der Selbstversorgung können wir von jedem Tier lernen. Tiere sind nicht in der Lage, sich selbst schlecht zu behandeln. Die einzige Ausnahme bilden Situationen der Trauer bei Tieren. Welches Tier du wählst, um dich selbst zu versorgen, kannst du also selbst aussuchen. Hier ist Platz für dein Lieblingstier oder für ein Tier, das dir besonders gut gefällt. Sammle Informationen über dieses Tier und erkenne, was es unternimmt, um sich selbst zu versorgen. Hier kann

natürlich kein Haustier gewählt werden, es muss sich schon um ein Tier handeln, dass frei in seinem ursprünglichen Lebensraum lebt. Die hier vorgestellten Hinweise und Übungen sollen Impulse geben. Selbstverständlich ersetzen sie keinen Besuch bei einem Arzt oder Heilpraktiker, wenn Krankheitssymptome vorliegen. Der Begriff „Heilung" wird in diesem Buch nur als spiritueller Prozess verstanden und ist nicht mit einer Heilung durch medizinische Therapie zu verwechseln.

Körperliche Erkrankungen

Wenn unser Körper schmerzt oder seine Funktion beeinträchtigt wird, fühlen wir uns in unserer Lebenskraft begrenzt. Es entstehen Ängste. Manche Menschen sagen, Schmerz sei die Vorbereitung auf den Tod, andere sehen ihn als Warnsignal. Krankheit bringt uns unsere Sterblichkeit ins Bewusstsein und gibt und uns das Gefühl, verwundbar zu sein. Wir müssen lernen, dass das Leben einem Prozess folgt, der sich aus Werden, Wachsen und Vergehen zusammensetzt. Die gesündeste Lebensführung gepaart mit spiritueller Meisterschaft können uns nicht unsterblich machen oder ewige Gesundheit bescheren. Wer das beherzigen kann, wird zumindest weniger unter seiner Erkrankung leiden und vor allem weniger das Gefühl der Verzweiflung spüren. Leben ist Veränderung, nichts bleibt, wie es ist. Und unser Körper ist auf Verwesung ausgerichtet, das Grundprogramm der Vergänglichkeit tragen wir in uns. Wir können uns diesen Prozess an allen Tieren anschauen, doch die Schlange ist die beste Unterstützung, wenn es um Transformation geht. Unsere Haut wird runzelig, wenn wir älter werden, da kann Botox nur eine optische Täuschung hervorrufen.

Krankheit ist aber nicht nur ein Teil des natürlichen Alterungsprozesses, sie ist auch eine gute und nützliche Lehrmeisterin. Sie verändert den Menschen. Der Salamander kann hier ein Vorbild sein. Nach einer Krankheit sollte der Mensch nicht mehr der sein, der er vorher war. Wäre das der Fall, hätte er sich nicht entwickelt und nichts gelernt. Eher verhält es sich mit Krankheiten wie mit dem Feuer der Reinigung. Der Salamander aus der Sagenwelt geht durch dieses Feuer, ohne zu verbrennen. Aber Feuer reinigt. Alles Schädliche wird vernichtet. Danach ist der Salamander rein und befreit, bereit für die nächste Stufe seiner Entwicklung.

Eine Krankheit als Reinigung zu sehen darf aber nicht dazu führen, sie wegzureden oder schöner darzustellen, als sie ist. Krankheit ist immer ein Warnzeichen und eine Bedrohung. Deshalb kann ein Krafttier auch nicht gesund machen. Aber es kann Wege zeigen, die die Gesundheit auf natürliche Weise zu erhalten helfen. Tiere sind in dieser Hinsicht ganz klar klüger als Menschen.

Eine Heilung auf körperlicher Ebene bedarf meist einer medizinischen Therapie. Seelisch kann die Krafttierarbeit die Selbstheilungskräfte stärken. Doch wir dürfen nicht übersehen, dass der Körper meist erst dann Symptome zeigt, wenn die Seele schon seit einer ganzen Weile gelitten hat. Das folgende Kapitel kann deshalb auch zur seelischen Vorbeugung gegen Erkrankungen genutzt werden.

Erkrankungen der Knochen und Gelenke

In der Spiritualität weisen Erkrankungen der Knochen und Gelenke auf eine Schwächung der eigenen Wurzeln hin. Deshalb können hier besonders Tiere, die an Land leben, Impulse geben. Es geht um Stabilität und Festigkeit. Der Ur war schon bei den alten Kelten ein Symbol für diese Qualität. Ihm war sogar eine Rune gewidmet, die in ihrer Bedeutung für Stärke stand (siehe Kapitel „Tiere an Land"). Bei uns ist das Wort „Rindvieh" eher eine Beleidigung. Damit drücken wir aus, dass es jemandem an Intelligenz fehlt und der betreffende Mensch plump und gewöhnlich ist. Für unsere reine körperliche Kraft brauchen wir aber keine Fremdsprachen und keine Bildung. Es geht darum, das Leben mit all seinen Widrigkeiten auf eine gute Basis zu stellen. Das ist sehr oft eine Frage der Standhaftigkeit. Seine Füße in den Boden zu stemmen wie ein Stier, die Hörner zu senken und auf seinem Weg zum Ziel zu bleiben mag nicht sehr elegant oder anmutig sein. Doch es ist eine Grundlage dafür, sein Leben überhaupt leben zu können, ohne auf wackligem Posten zu stehen.

Erkrankungen des Stoffwechselsystems

Probleme mit dem Stoffwechsel gehen meist auf eine unvernünftige Ernährung und eine ungesunde Lebensführung zurück. Und gegen die eigenen Dummheiten gibt es keine Medizin. Ein Krafttier zu bemühen, damit es unsere Verantwortungslosigkeit ausbadet, wäre falsch. Hier zeigt sich deutlich die Funktion der Krankheit: Sie soll uns zeigen, was wir lernen müssen. Damit ist sie bereits selbst eine Hilfe, ähnlich wie ein Krafttier.

Stoffwechselerkrankungen weisen darauf hin, dass das innere Gleichgewicht des Körpers gestört ist. Meist beginnen solche Störungen mit einer mangelhaften Eigenliebe. Wenn ich vor einem Fast-Food-Restaurant stehe und die Menschen dort sehe, die sich sogenannte Menüs einverleiben, frage ich mich manchmal, warum sie sich so sehr hassen. Auch der Supermarkt mit seinen, zum Teil skurrilen Angeboten künstlicher Ersatznahrungsmittel lässt mich staunen. Was haben die Menschen gegen sich, die solche Dinge in ihren Körper hineinlassen?

Erkrankungen im Herz-Lungen-Bereich

Herz und Lunge sind der Motor unseres körperlichen Systems. Das Herz ist der Kern, und die Lunge sorgt für das wichtigste Nahrungsmittel, den Sauerstoff. Wir verbinden das Herz mit dem Gefühl und die Lunge mit Freiheit. Viele Sprüche haben diese beiden Organe zum Thema: „Ein fröhliches Herz haben", „hartherzig sein", „einem geht die Luft aus", „sich zugeschnürt fühlen" usw. Ein fröhliches Herz und viel Luft zum Atmen wünschen sich sicher alle Menschen. Tiere verfügen von Natur aus darüber. Menschen auch. Leider gibt es Kräfte im menschlichen Leben, die das verhindern und einschränken. Bei Symptomen im Herz-Lungen-Bereich muss unverzüglich ein Arzt aufgesucht werden. Das tröstende und erleichternde Gefühl von Freiheit geben die Lufttiere. Allerdings ist hier Vorsicht geboten. Mit einem leichten Schmetterling erhebt sich die Seele vielleicht zu weit. Ich empfehle daher ein Lufttier mit einem gewissen Gewicht und einer Schwere, die das Fliegen nicht allzu reizvoll werden lässt. Der Schwan ist besonders geeignet. Befasse dich mit deiner eigenen Anmut und Schönheit.

> ## Übung:
> Visualisiere, wie du als Schwan über einen See gleitest und dich im Wasser spiegelst.

Nervenkrankheiten

Nervenkrankheiten nehmen in der Gesellschaft zu. Unsere Nerven sind fast ständig überreizt. Optische und akustische Impulse strömen unaufhörlich auf uns ein. Wir schonen uns nicht und wollen auch alles mitkriegen, was so um uns herum läuft. Wir haben Angst davor, etwas zu verpassen oder im schlimmsten Fall sogar die Kontrolle zu verlieren. Tiere kennen diese Ängste nicht. Sie haben keine Kontrolle, denn ihre Existenz ist die Hingabe an das Leben. Deshalb gibt es auch kein Tier, das bei Kontrollzwängen speziell ein guter Ratgeber sein kann. Aber du kannst dir jedes beliebige Tier in seiner Unbeschwertheit und Demut aussuchen und dir genau anschauen, wie es überlebt, ohne etwas zu kontrollieren. Dabei leben Tiere durchaus nicht einfach nur in den Tag hinein. Ihre Uhr, ihr Regelwerk ist von der Natur vorgegeben. Wenn wir Menschen wieder lernten, uns nach den natürlichen Gesetzen zu richten, bräuchten wir die Außenreize nicht mehr in dem Ausmaß wie heute. Jahreszeiten, Arbeitsphasen und Festzeiten wären wieder sinnvoll gefüllt. Das gäbe dem Menschen das Gefühl, im Lot zu sein.

Die Nerven sind auch von einer gesunden Ernährung abhängig. Hier gibt die Natur immer genau das, was der Organismus gerade braucht. Die Natur erspart unseren Nerven viel Stress, wenn wir ihre Regeln akzeptieren.

Seelischer Schmerz

Ähnlich wie körperlicher Schmerz zerstört auch seelischer Schmerz die Lebensqualität. Seelische Erkrankungen sind heute zahlreicher als früher. Wir haben verlernt, dass auch die Seele Nahrung und Pflege braucht. Das ist schlimm, denn nur eine gesunde Seele kann positive Gefühle hervorrufen, die dann sogar die körperliche und geistige Gesundheit unterstützen. Wer seelisch leidet, scheut sich oft, Hilfe zu suchen oder sich seiner Umgebung anzuvertrauen. Seelische Erkrankungen stehen in einem schlechten Ruf und werden allzu leicht mit Psychiatrie oder Irrenhaus in Verbindung gebracht. Die alten Vorurteile sind heute so lebendig wie früher. Wer daher das Gefühl hat, seelische Hilfe oder konkret psychologischen Beistand zu brauchen, der sollte seine Vorbehalte über Bord werfen und sich fachmännischen Rat holen.

In seelischen Krankheitssymptomen kündigen sich oft große Gefahren an. Sie dürfen nicht heruntergespielt werden. Auch der Schritt in die Sucht oder der Griff zur Ablenkung sind hier unbedingt zu meiden. Menschen haben Gefühle. Das macht sie wertvoll. Gefühle zu unterdrücken, nur weil sie nicht in die Arbeitswelt oder die moderne Gesellschaft passen, kann schlimme Folgen haben. In dieser Zeit ist der Roboter gefragt. Der Mensch soll keinen Ärger machen, ohne Probleme funktionieren, und wenn er das nicht schafft, dann wird er aussortiert. Wir müssen wieder lernen, unsere Seele ernst zu nehmen. Sie macht unser Wesen aus. Und wenn seelische Schmerzen länger anhalten, dann sollte in jedem Fall eine Beratungsstelle oder ein Therapeut aufgesucht werden. Die Nachbarn oder Verwandten mit ihren Ratschlägen: „Das vergeht wieder", „Das kenne ich auch, das ist nicht so schlimm" oder gar „Nun stell dich mal nicht so an" sollten auf keinen Fall Beachtung finden.

Die Visualisierung eines tierischen Gefährten kann helfen, darf hier aber nicht zu einer Wahnvorstellung werden. Ein Krafttier soll eine Krankheit oder ein Leid nicht erträglich machen, sondern bei der Bewältigung helfen. Insgesamt sind alle Tiere gute Vorbilder für den Umgang mit der eigenen Seele. Die menschliche Seele braucht Verbundenheit und Wachstum. Für Tiere ist das vollkommen selbstverständlich. Der Mensch muss jedoch immer wieder dagegen angehen, sich zu isolieren oder isoliert zu werden. Wachstum ist für manche Menschen gleichbedeutend mit der Angst vor Veränderung. Sie klammern, und wer sich festklammert, kann nicht wachsen. Menschen suchen stabile Rahmenbedingungen und planen ihr Leben zumindest beruflich oft schon durch bis zur Altersvorsorge. Dieses Verhalten schließt Wachstum aus. Hier wächst das Konto, nicht der Mensch. Einen Spaziergang zu machen und auf einer Bank unter freiem Himmel die Tiere wahrzunehmen, die Verbundenheit und Wachstum ohne Zertifikate und Urkunden zu leben kann schon ein heilsamer Impuls für eine Menschenseele sein.

Depressionen

Es gibt verschiedene Arten von Depressionen und auch ganz unterschiedliche Ursachen. Eine Depression ist eine schwere seelische Erkrankung, die chronisch werden kann. Hier ist unbedingt ein Facharzt zu Rate zu ziehen.

Depression heißt „Unterdrückung". Der depressive Mensch lebt demnach nicht seine Größe, er lebt sich kleiner, als er ist. Meist geht der Depression auch mangelndes Selbstwertgefühl voraus. Aber auch Suchtmittelmissbrauch und falsche Lebensführung können eine Ursache sein. Trauer und Lebenskrisen oder große Verlusterfahrungen führen manchmal ebenso zu Depressionen. Ein Facharzt muss abklären, ob Medikamente angezeigt sind und ob ein Suizidrisiko besteht. Welches Krafttier kann in der Depression helfen? Ich empfehle den Bären.

Übung:

Der Bär holt sich seine Nahrung von Bäumen, aus dem Wasser, und natürlich leben einige seiner Beutetiere auch auf der Erde. Er ist beweglich und weiß, dass er nicht darauf verzichten wird, sich zu versorgen. Dabei hat er einen massigen, großen Körper, für den er viel Nahrung heranschaffen muss. Zudem muss er in den warmen Monaten alles zu sich nehmen, was er während der Winterruhe verbraucht. Der Bär könnte einem leidtun. In der Depression vergeht einem Menschen meist die Lust, sich selbst zu versorgen. Oft ist sie der Anfang einer Verwahrlosung. Nimm dir darum den Bären als Vorbild. Sage nicht „Es geht nicht", wenn du dich versorgen willst, sondern suche einen Weg.

Du hast ein großes Revier zur Verfügung, nutze es. Du musst ausreichend trinken und essen und brauchst Bewegung an der frischen Luft. Wenn du kein Wasser magst, nimm Kräutertee, Saftschorle oder was auch immer du möchtest. Es ist etwas für dich vorhanden, du bist selbst dafür verantwortlich, die Suche nicht vorzeitig abzubrechen. Wegen deiner Arbeitszeiten kannst du nicht morgens spazieren gehen? Abends und nachts aber doch, also werde flexibel und gib dir, was du brauchst. Du bist nicht gern allein und reagierst darauf depressiv? Der Bär lebt allein, aber nicht einsam. Er ist Teil eines Systems lebendiger Geschöpfe.

Zwangshandlungen

Etwas zu tun, was man nicht will, und immer wieder dazu gezwungen zu werden ist sehr belastend. Besonders schlimm ist es, wenn innere Zwänge eine Rolle spielen. Gegen Zwänge von außen kann ein Mensch sich wehren, oder er kann ihnen entgehen. Kommen die Zwänge aber aus der eigenen Seele, ist kein Entkommen möglich. Teilweise können Süchte als Zwangshandlungen gesehen werden, obwohl sie ein eigenständiges Krankheitsbild sind. Es gibt aber auch Waschzwänge, Putzzwänge, sogar den Zwang zu stehlen etc. Menschen mit solchen Symptomen können sich nur bedingt selbst steuern. Sie sind abhängig von Schlüsselreizen, die dann die Zwangshandlung auslösen. Diese Erkrankung muss unbedingt von einem Psychologen oder einem Psychiater behandelt werden. Die Katze in ihrer Autonomie kann vielleicht Wege weisen, um aus den Zwängen herauszukommen. Sie kann Mut machen, die eigene Freiheit anzunehmen. Grundsätzlich gilt aber, dass die Arbeit mit einem Krafttier in Fällen von Zwangshandlungen nur Ablenkung verschaffen kann, Heilung darf hier nicht erwartet werden. Wer dennoch einen Heiler, Geistheiler oder Schamanen aufsuchen möchte, sollte sich sehr genau erkundigen, welche Fähigkeiten er besitzt. Ein seriöser Geistheiler oder Schamane wird in solchen Fällen nie Heilungsversprechen machen, sondern seine eigenen Grenzen genau kennen und formulieren.

Ängste

Ängste sind oft lange vorhanden, bevor sie als störend wahrgenommen werden. Wer unter starken Ängsten leidet, ist in seiner Freiheit ganz extrem eingeschränkt. Es gibt Angst vor Menschen, Angst vor dem Versagen oder auch Angst vor der Dunkelheit. Ängste machen das Leben schwer und hindern den Betroffenen daran, sich dem Leben hinzugeben. Wenn Ängste nicht als lebenserhaltende Wahrheit fungieren, sondern irreal werden, sind sie mitunter sogar gefährlich für die Gesundheit unseres Gehirns.

Tiere haben auch Ängste. Diese Ängste sind Urängste, die das Überleben sichern. Da gibt es die Angst vor Feuer oder die Angst vor Angriffen von hinten. Aber unsere menschlichen, krankhaften Ängste sind anders. Sie sind keine Urängste, die unser Leben schützen. Unsere Ängste behindern uns. Wir können jedes Tier zum Vorbild nehmen, wenn wir an unseren Ängsten arbeiten wollen. Schnell werden wir sehen, dass unsere Ängste daher rühren, dass wir den Wunsch haben zu planen und zu kontrollieren. Wir haben Angst vor Ereignissen, die gar nicht gefährlich sind: Angst vor dem Alter, Angst vor dem Tod oder Angst vor dem Versagen. Diese Ängste gibt es nur, weil wir ein festes Bild von uns und unserem Leben haben. Tiere haben das nicht. Sie erleben den Augenblick und verschwenden keine Energie an die Zukunft. Das können wir von allen Tieren und auch von jungen Menschenkindern lernen.

nachwort

Dieses Buch ist ein kritisches Buch. Es ergreift Partei für unsere Geschwister, die Tiere. Wir sind in unserer Entwicklung immer mehr zum Benutzer und zum Ausbeuter des Lebens geworden. Durch aktives Handeln für ein Bewusstsein der anderen Lebewesen könnten wir, davon bin ich überzeugt, viele unserer Krankheiten und Probleme lösen oder sogar verhindern. Damit ist nicht gemeint, Tiere aus Mittelmeerländern nach Hause zu schleppen, um Einsamkeit zu überwinden und eine Profilneurose als „Gutmensch" zu befriedigen. Warum versuchen wir nicht, Tiere Tiere sein zu lassen? Warum lassen wir kranke Tiere nicht ihre Entwicklung beenden und im Tod das ewige Leben bei uns finden? Mir graut schon jetzt vor der Zeit, in der wir unsere sterbenden Haustiere künstlich ernähren, natürlich im Sinne der Nächstenliebe. Wir Menschen als Macher werden krank. Uns fehlt die Demut. Wir müssen Delfinen, Ratten und Katzen keinen Sinn und keine Aufgabe geben. Sie haben ihren Sinn in der Quelle erhalten. Unsere Ratio kann keine Welt erschaffen. Mein Tipp, um einen großen Teil des menschlichen Leids in unserer Gesellschaft zu mindern, lautet: Tut euch zusammen, ihr Menschen, um die Tiere zu schützen. Holt sie nicht in muffige Wohnungen,

sondern helft ihnen, in ihren natürlichen Lebensräumen un-
gestört zu sein. Dann seid ihr nicht mehr einsam und müsst
eure Langeweile nicht mit Medien betäuben! Esst nicht mehr
das krankmachende Fleisch leidender Kreaturen, dann bleibt
euer Körper länger gesund. Staunt bei jeder Kreatur, die ihr
seht, denn in ihr ist mehr verborgen, als der menschliche Geist
erfassen kann. Lasst Tiere sein, wie sie sind. Sie sind nicht auf
der Welt, um dem Menschen zu dienen. Pflanze, Tier und
Mensch sind auf der Welt, um der Schöpfung zu dienen! Und
doch gilt: Wenn wir die individuellen Aspekte der einzelnen
Arten erkennen und in Visualisierungen nutzen, um sie zu integrieren, dann arbeiten wir mit allem, was die Schöpfung uns
bietet. Krafttierarbeit macht das menschliche Leben reicher
und vielfältiger. Und Vielfalt und Reichtum sind Lebensrechte,
die jeder Mensch wahrnehmen sollte.

Adler (S. 64)	©Louis Agassiz Fuertes: Album of Abyssinian Birds and Mammals from Paintings (Chicago: Field Musuem of Natural History)
Amsel (S. 66)	©John Gerrard Keulemans: Catalogue of the Birds in the British Museum, Volume 5
Biene (S. 67)	©mashakotcur - fotolia.com
Bläuling (S. 68)	©Cajetan Felder, Rudolf Felder, Alois F. Rogenhofer: Reise der Österreichischen Fregatte Novara um die Erde in den Jahren 1857, 1858, 1859 unter den Befehlen des Commodore B. von Wüllerstorf-Urbair. Zoologischer Theil. 2. Band. Zweite Abteilung: Lepidoptera. Atlas. Wien: Kaiserlich-Königliche Hof- und Staatsdruckerei. In Commission bei Carl Gerolds's Sohn, 1864.
Buchfink (S. 69)	©Wilhelm von Wright
Buntspecht (S. 69)	©barbulat - fotolia.com
Bussard (S. 70)	©Henrik Grönvold, Ibis 1919
Eisvogel (S. 70)	©lynea - fotolia.com
Elster (S. 71)	©Wikipedia - Pica pica. Drawing by Wilhelm von Wright (1810 - 1887)
Eule (S. 71)	©Jospeh Wolf: Proceedings of the Zoological Society of London 1863
Falke (S. 72)	©Joseph Wolf
Fledermaus (S. 72)	©Ernst Haeckel: Kunstformen der Natur (1904)
Fliege (S. 73)	©pixabay.com
Geier (S. 74)	©lynea - fotolia.com
Greifvogel (S. 74)	©wikipedia/FalcoPeregrinusBabylonicusGould
Grünspecht (S. 75)	©Édouard Traviès
Kohlweißling (S. 75)	©Dr. F. Nemos
Kuckuck (S. 76)	©pixabay.com
Lerche (S. 76)	©John Gerrard Keulemans, Ibis 1898
Glühwürmchen (S. 77)	©Edmund Reitter: Fauna germanica, Bd. III, Stuttgart, 1911
Libelle (S. 77)	©Dru Drury: Illustrations of Exotic entomology, Vol. 1
Nachtfalter (S. 78)	©A. G. Butler: Proceedings of the Zoological Society of London, 1867
Rotkehlchen (S. 78)	©William Thomas Blanford: Eastern Persia: An Account of the Journeys of the Persian Boundary Commission 1871-72-73 by India Persian boundary commission
Schmetterling (S. 79)	©E. W. Robinson, 1890
Schwalbe (S. 79)	©Charles Darwin, John Gould: The zoology of the voyage of H.M.S. Beagle
Schwan (S. 80)	©Wenceslaus Hollar: University of Toronto Wenceslaus Hollar Digital Collection
Stockente (S. 80)	©John Gerrard Keulemans: Novitates Zoologicae, Vol. 2
Storch (S. 81)	©John Gerrard Keulemans: Proceedings of the Zoological Society of London 1874
Tagpfauenauge (S. 81)	©Dr. F. Nemos
Taube (S. 82)	©John Gerrard Keulemans, Ibis 1882
Uhu (S. 82)	©Johann Friedrich Naumann: Naturgeschichte der Vögel Mitteleuropas, Band 5, 1899
Zitronenfalter (S. 83)	©Dr. F. Nemos
Biber (S. 85)	©Pearson Scott Foresman
Delfin (S. 86)	© Morphart - fotolia.com
Fisch (S. 86)	©Duane Raver
Fischotter (S. 87)	©Walter Heubach
Frosch (S. 88)	©Popular Science Monthly Volume 1
Hecht (S. 88)	©Timothy Knepp
Lachs (S. 89)	©Timothy Knepp
Ameise (S. 90)	©E. W. Robinson: University of California Press version, 1962
Bär (S. 92)	©pixabay.com
Dachs (S. 92)	©Walter Heubach
Eichhörnchen (S. 93)	©marilyn barbone - fotolia.com
Eidechse (S. 94)	©Walter Heubach
Esel (S. 95)	©Kronheim & Co
Feldhamster (S. 96)	©Morphart - fotolia.com
Fuchs (S. 96)	©Mivart, St. George Jackson: Dogs, jackals, wolves and foxes: a monograph of the Canidae
Gans (S. 97)	©Anja Kaiser - fotolia.com

Bildnachweise

Hase (S. 97)	©Charles Darwin: The Variation of Animals and Plants under Domestication, Volume 1
Hermelin (S. 98)	©A. E. Brehm
Heuschrecke (S. 98)	©G. H. Carpenter: Project Gutenberg's The Life-Story of Insects
Hirsch (S. 99)	©mashakotcur - fotolia.com
Huhn (S. 99)	©American Poultry Association
Hund (S. 100)	©Carl Friedrich Deiker: UB Düsseldorf
Igel (S. 100)	©Hans Hoffmann
Käfer (S. 101)	©Brockhaus 14. Auflage
Katze (S. 101)	©Anja Kaiser - fotolia.com
Kröte (S. 102)	©Die Gartenlaube, 1873
Lamm (S. 102)	©Hans Holbein the Younger
Marder (S. 103)	©Richard Lydekker: A Handbook to the British Mammalia
Maulwurf (S. 103)	©Kókay Szabolcs
Maus (S. 104)	©Joseph Smit: Proceedings of the Zoological Society of London 1899
Pfau (S. 104)	©Jospeh Smit nach Jospeh Wolf
Pferd (S. 105)	©Anja Kaiser - fotolia.com
Ratte (S. 105)	©Jospeh Smit: Proceedings of the Zoological Society of London 1887
Raupe (S. 106)	©Dr. F. Nemos
Reh (S. 106)	©barbulat - fotolia.com
Salamander (S. 107)	©Erica Guilane-Nachez - fotolia.com
Schaf (S. 107)	©Anja Kaiser - fotolia.com
Schlange (S. 108)	©Morphart - fotolia.com
Schwein (S. 108)	©Anja Kaiser - fotolia.com
Spinne (S. 109)	©Morphart - fotolia.com
Steinbock (S. 110)	©Pearson Scott Foresman
Stier (S. 110)	©pixabay.com
Wolf (S. 111)	©pixabay.com
Ziege (S. 112)	©Anja Kaiser - fotolia.com
Basilisk (S. 119)	©The basilisk and the Weasel von Wenceslaus Hollar
Boa (S. 119)	©Jeffdelonge: Numérisation Atlas Zoologique du Voyage de la corvette La Bonite Bibliothèque patrimoniale de Gray
Ceraste (S. 121)	©Jacopo Ligozzi
Drache (S. 121)	©von Mark / samuraiagency (Open Clip Art Library image's page) via Wikimedia Commons
Einhorn (S. 122)	©John Johnston: La Licorne
Greifvogel (S. 124)	©Matthius Merian
Hippogryph (S. 125)	©kuco - fotolia.com
Leviathan (S. 125)	©askaja - fotolia.com
Lindwurm (S. 126)	©Alexey Pavluts - fotolia.com
Midgardschlange (S. 126)	©Alexey Pavluts - fotolia.com
Onager (S. 127)	©Joannes Jonstonus: A description of the nature of four-footed beasts (1678)
Pegasus (S. 128)	©von unknown, image cropped by Silvio Gallio via Wikimedia Commons
Phönix (S. 128)	©Konrad Lykosthenes
Rock (S. 129)	©Friedrich Johann Justin Bertuch (1747-1822) via Wikimedia Commons
Salamander (S. 129)	©Erica Guilane-Nachez - fotolia
Schlange (S. 130)	©Pearson Scott Foresman
Simurgh (S. 130)	©bejim - fotolia.com
Tatzelwurm (S. 132)	©Calendar Alpenrosen
Wasserdrache (S. 133)	©askaja - Fotolia.com
Werwolf (S. 134)	©Rwemaus07 – wikia.com

Das keltische Tierorakel

Amsel, Zaunkönig, Rabe, Frosch, Hund und Katze sind Tiere, die wir alle kennen und denen wir jeden Tag begegnen können. Weniger bekannt ist, dass diese Tiere zu den Krafttieren der keltischen Tradition gehören, zu den Tieren, die von den Druiden als Boten der Anderswelt verehrt wurden, als Führer auf den Pfaden dieser Welt der verborgenen Mächte und Möglichkeiten. Ähnlich wie die Indianer Nordamerikas verstanden die Druiden die Sprache der Tiere und wussten um ihre besonderen Fähigkeiten als Heiler, Lehrer und Beschützer.

Die praktische Arbeit mit den 33 Karten dieses Orakels bringt uns auf verschiedene Arten mit den Tieren in Verbindung. Neben Interpretationen zu jeder Karte gibt das Begleitbuch einen guten Überblick über den mythologischen Hintergrund, vor dem dieses Orakel zu sehen ist, sowie ausführliche Anleitungen für die praktische Arbeit mit den Karten.

P./S. Carr-Gomm:
Das keltische Tierorakel
Buch 176 Seiten + 33 Karten
ISBN 978-3-89901-428-0

AURUM

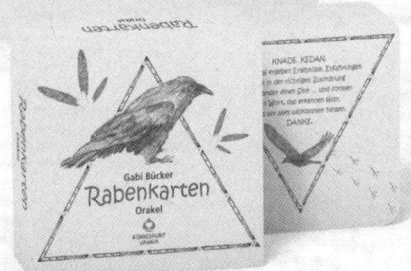

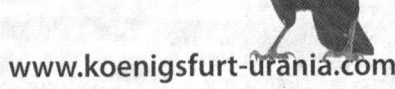

Mit Liebe fürs Detail und für die Umwelt

Bei der Auswahl der Inhalte, die wir präsentieren, achten wir auf Originalität, Kompetenz, Praxisrelevanz und Qualität. So können wir mit Herz und Seele hinter unseren Büchern, Hörbüchern, Filmen und den anderen Produkten stehen, die wir mit viel Liebe und Aufmerksamkeit bis ins letzte Detail fertigen.

Wir leisten einen aktiven Beitrag zum Umweltschutz und verbrauchen nur wirklich notwendige Ressourcen — so sparsam wie möglich. Wir drucken überwiegend auf 100% Recyclingpapier oder produzieren unsere Titel klimaneutral. 99% unserer Fertigung findet in Deutschland statt, so haben wir kurze Transportwege und unterstützen die lokale Wirtschaft.

Inspirationen, interessante und wertvolle Neuigkeiten, Wahres, Schönes & Gutes sowie wichtige Termine können Sie regelmäßig in unserem Newsletter erfahren oder hier: **www.facebook.com/weltinnenraum**

weltinnenraum.de

J.Kamphausen | Mediengruppe